愛知四国霊場の旅

大塚耕平

中日新聞社

まえがき

この本は「弘法さんかわら版」という仏教コラムがもとになっています。「弘法さんかわら版」は、愛知県の覚王山日泰寺（名古屋市）と弘法山遍照院（知立《ちりゅう》市）の「弘法さん」の縁日で配っています。

日泰寺の縁日は新暦のお大師様の月命日（二十一日）、遍照院の縁日は旧暦の月命日。いずれも愛知県で最大規模を誇る「弘法さん」の縁日です。

配り始めてもうずいぶん長くなりますので、やがて本になりました。一冊目は「弘法大師の生涯と覚王山」、二冊目は「仏教通史」、三冊目は「四国霊場と般若心経」、そして四冊目がこの本「愛知四国霊場の旅」です。

かわら版を受け取ってくださる読者の皆さんから「お釈迦様は実在の人だったの」「仏教はどうやって日本に伝わってきたの」等々、いろいろとご質問をいただくようになり、一冊目、二冊目の出版に至りました。その後「ご心経の解説を書いてください」という大それたご要望をいただくこととなり、恐れ多いと思いつつ、自らの勉強のつもりで三冊目を書き下ろしました。

かわら版を書き始めた頃に、四十七都道府県の中で寺院数が一番多いのが愛知県ということを知りました。意外なことです。ふつうは直感的に京都府と想像しがちですが、断トツの一位が愛知県です。

意外なことだけに、愛知県民もあまり知りません。ことあるごとに寺院数日本一を喧伝していたら、やがて愛知県の公式ホームページでも紹介されるようになりました。めでたいことです。

寺院数日本一を知ってから、「弘法さんかわら版」の取材もかねて県内各地の寺院を訪ね歩く中で「なぜ愛知県の寺院数がそんなに増えたのか」という理由を探究しましたが、結局よくわかりません。

本書の第五章で現時点における自分なりの考えは整理してみました。第一に、古くから人口が多く、発展した地域であったこと。第二に、日本で最初に国分寺、国分尼寺が建立された地域のひとつであったこと。第三に、京都と鎌倉の途中に位置することから、とくに鎌倉時代以降、多くの祖師や高僧が足跡を残したこと。第四に、織田信長、豊臣秀吉、徳川家康をはじめ、多くの戦国武将を輩出し、菩提寺など武家や武将ゆかりの寺院が増えたこと。第五に、この地域が古くから交通の要衝であったため、寺院が戦略上の拠点として活用されたこと。第六に、江戸時代の檀家制度の影響から、人口の多いこの地域でさらに寺院が増えたこと。第七に、明治時代の廃仏毀釈に抵抗したこと。

第一、第二、第六、第七の理由は他にも当てはまる地域があり、愛知県固有の理由にはなりません。したがって、第三、第四、第五あたりの理由が主因のような気がしますが、いずれにしても想像の域を出ません。

理由はともかく寺院数が多かったことに加え、愛知県を巡錫《じゅんしゃく》した祖師のひとりに弘法大師空海がいたことから、県内にはお大師様ゆかりの写し霊場が開創されました。その筆頭が知多四国八十八ヶ所霊場と三河新四国八十八ヶ所霊場です。そのほかにも、本四国の写し霊場や、八十八ヶ所ではないもののお大師様ゆかりの霊場が創られました。

因みに、私が「弘法さんかわら版」を書き始めた契機は、自分が通った小中学校の学区内にある覚王山日泰寺の周囲にある覚王山八十八ヶ所霊場と覚王山の「弘法さん」の縁日の由来を調べてみようと思ったからです。

調べてみてわかったことは、覚王山八十八ヶ所霊場も「弘法さん」の縁日もお大師様と直接のゆかりはありません。明治時代末期から大正時代にかけての写し霊場ブーム、お大師様ブームの中で、覚王山日泰寺界隈の振興のために地元の篤志家たちの発案で始まったものでした。

本書の趣旨は、その覚王山八十八ヶ所霊場誕生につながった覚王山日泰寺創建の歴史に加え、知多四国八十八ヶ所霊場、三河新四国八十八ヶ所霊場を紙上遍路でご紹介することです。また、これら写し霊場開創の背景をご理解いただくために、仏教史や遍路史、愛知県の寺院建立史を第一章、第五章に書き添えました。愛知県民のひとりとして、愛知県郷土史の断片の整理に寄与できれば望外の喜びです。

本書の編集にあたり、字数を節約するために八十八ヶ所霊場という表記を極力省略し、「本四国」「知多四国」「三河新四国」と略記しています。

知多四国、三河新四国の各札所には様々な逸話等が伝えられています。本書では、前著「四国霊場と般若心経」と同様に、各札所を特徴づけるキーワードを選び、それを小見出しにしています。各札所を思い出したり、記憶するうえで、「あの札所は○○だ」「○○と言えばあの札所」という具合に、連想するのにお役に立てば幸いです。札所間の距離については、知多四国、三河新四国の資料を参考にしつつ、筆者が巡った時の実測感も反映して記載しています。

年号表記は西暦をベースにしていますが、重要な史実等の際には和暦（元号）も併記しています。

あくまで趣味の本です。宗教家でも歴史家でもありませんので、内容に間違いや不正確な記述があるかもしれません。とくに札所に縁《えん》の深い人名や地名等の読み方、寺院名等の漢字については、各宗派本山や札所、あるいは自治体や観光協会に極力確認し、文献で調べたりしたものの、それでも不確かな場合があります。間違いについては、どうぞご容赦ください。

なお、本文中では弘法大師空海のみを「お大師様」と尊称させていただいております。伝教大師最澄をはじめ、他の祖師、大師、高僧も本来は尊称でお呼びすべきところですが、必ずしも尊称となっていないことをどうぞお許しください。

また、この本の生い立ちと関係が深い覚王山に因んで、「さとる」という漢字の表記は「覚」に統一しています。「さとる」は「悟る」とも「覚る」とも書きます。漢訳仏典では「覚る」が用いられています。

最後になりますが、監修・編集・校正の過程でお世話になった大法輪閣の高梨和巨さん、中日新聞社出版部の伊藤多代さん、「弘法さんかわら版」の配布にご協力いただいているボランティアの皆さん、事務所スタッフ、家族、とりわけ妻の真理子さんに、この場を借りて謝意を表します。

二〇二〇年八月

大塚耕平　合掌

「愛知四国霊場の旅」目次

第三章　知多四国……………………89

第一章

仏教史と四国霊場

日本仏教】

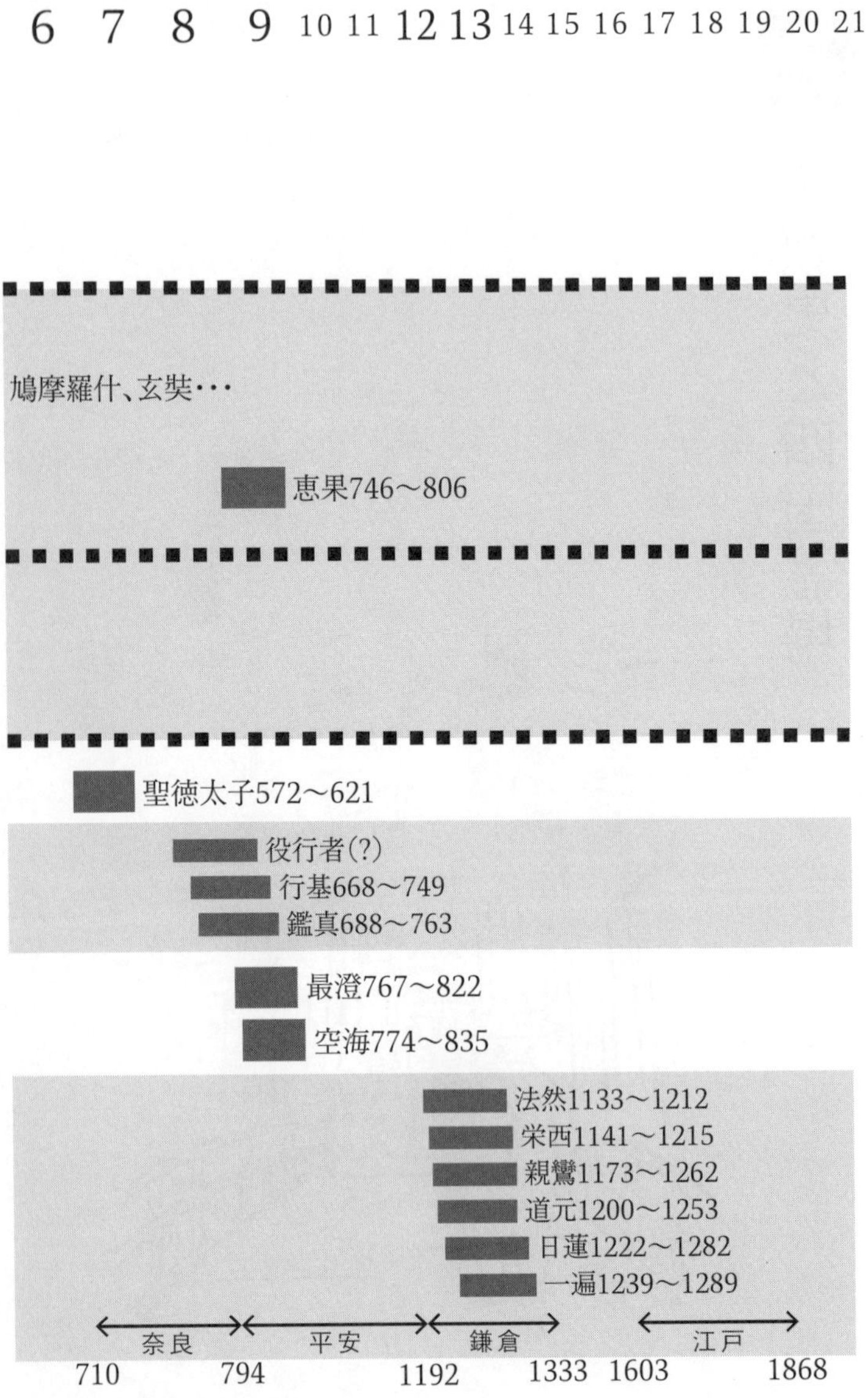
6 7 8 9 10 11 12 13 14 15 16 17 18 19 20 21
鳩摩羅什、玄奘・・・
恵果746～806
聖徳太子572～621
役行者(?)
行基668～749
鑑真688～763
最澄767～822
空海774～835
法然1133～1212
栄西1141～1215
親鸞1173～1262
道元1200～1253
日蓮1222～1282
一遍1239～1289
奈良
平安
鎌倉
江戸
710
794
1192
1333
1603
1868

【仏教伝来と

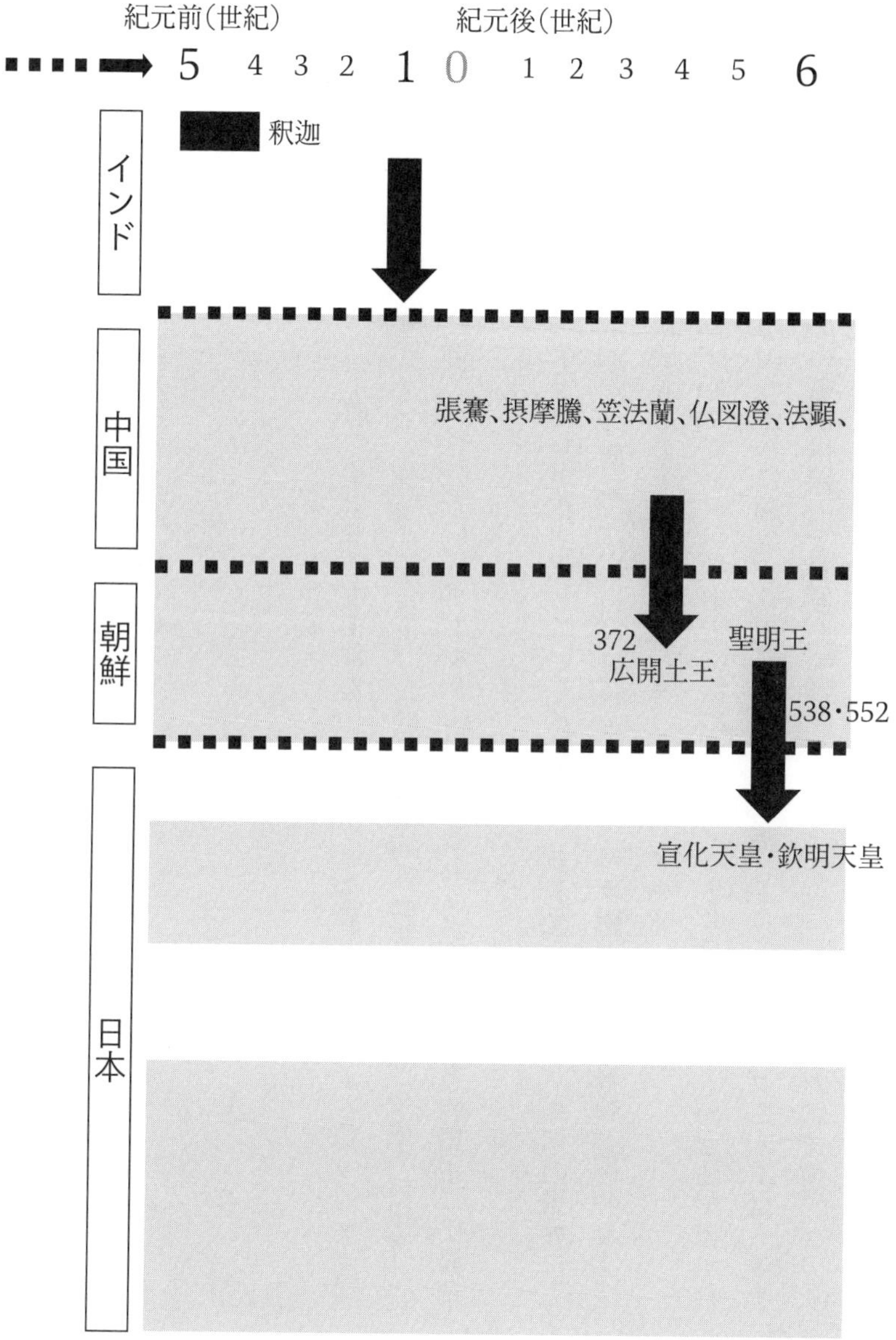
紀元前(世紀)
紀元後(世紀)
5 4 3 2 1 0 1 2 3 4 5 6
インド
釈迦
中国
張騫、摂摩騰、笠法蘭、仏図澄、法顕、
朝鮮
372
広開土王
聖明王
538・552
日本
宣化天皇・欽明天皇

本書は愛知における本四国の写し霊場に焦点を当てています。主題に入る前に、日本への仏教伝来とその後の仏教史について概観しておきます。その中で本四国が生まれ、写し霊場も誕生しました。仏教史の旅は、紀元前のインドから始まります。

仏教伝来

仏教は今から約二五〇〇年前のインドで生まれました。インド北東部に位置するシャーキャ国の王子として生まれたガウタマ・シッダールタ。人間の生老病死の苦しみに悩んだ末に出奔し、修行や瞑想の末に覚《さと》りを開き、やがてシッダールタに帰依《きえ》する人々が増え、宗教的集まりに昇華《しょうか》していきました。

シッダールタの死後、弟子たちが教団化していくとともに、その教えはインドの外の世界にも伝わりました。シッダールタの遺骨（仏舎利《ぶっしゃり》）は覚王山《かくおうざん》八十八ヶ所の誕生の経緯と関わりますが、詳しくは第二章でお伝えします。

シッダールタの教えがシルクロードから中国に伝わる過程で、もともとインドの言語で書かれていた経典を、西域や中国の言語に翻訳する訳経僧たちが活躍しました。シッダールタはシャーキャ国の王子なので、その名前は国名を音写して漢字を充て「釈迦」と訳されたのです。

インドからシルクロードを経て中国に伝わった経典はサンスクリット語で書かれており、北に伝わったので北伝仏教と呼ばれています。

一方、インド南部を経て、スリランカ、東南アジアに伝わった経典はパーリ語で書かれており、南に伝わったので南伝仏教と呼ばれます。

もうひとつは発祥の地であるインド北東部からさらに北のチベットに伝わった仏教です。現地の民族宗教であるボン教と混交し、今日のチベット仏教につながっています。

北伝仏教は、やがて中国から朝鮮半島を経て日本に伝わりました。五世紀末頃から徐々に伝わっていたようですが、歴史的には日本への仏教公伝は五三八年とされています。百済《くだら》の聖明王から日本の欽明天皇に仏像などが贈られた史実を指し、現在の通説です。

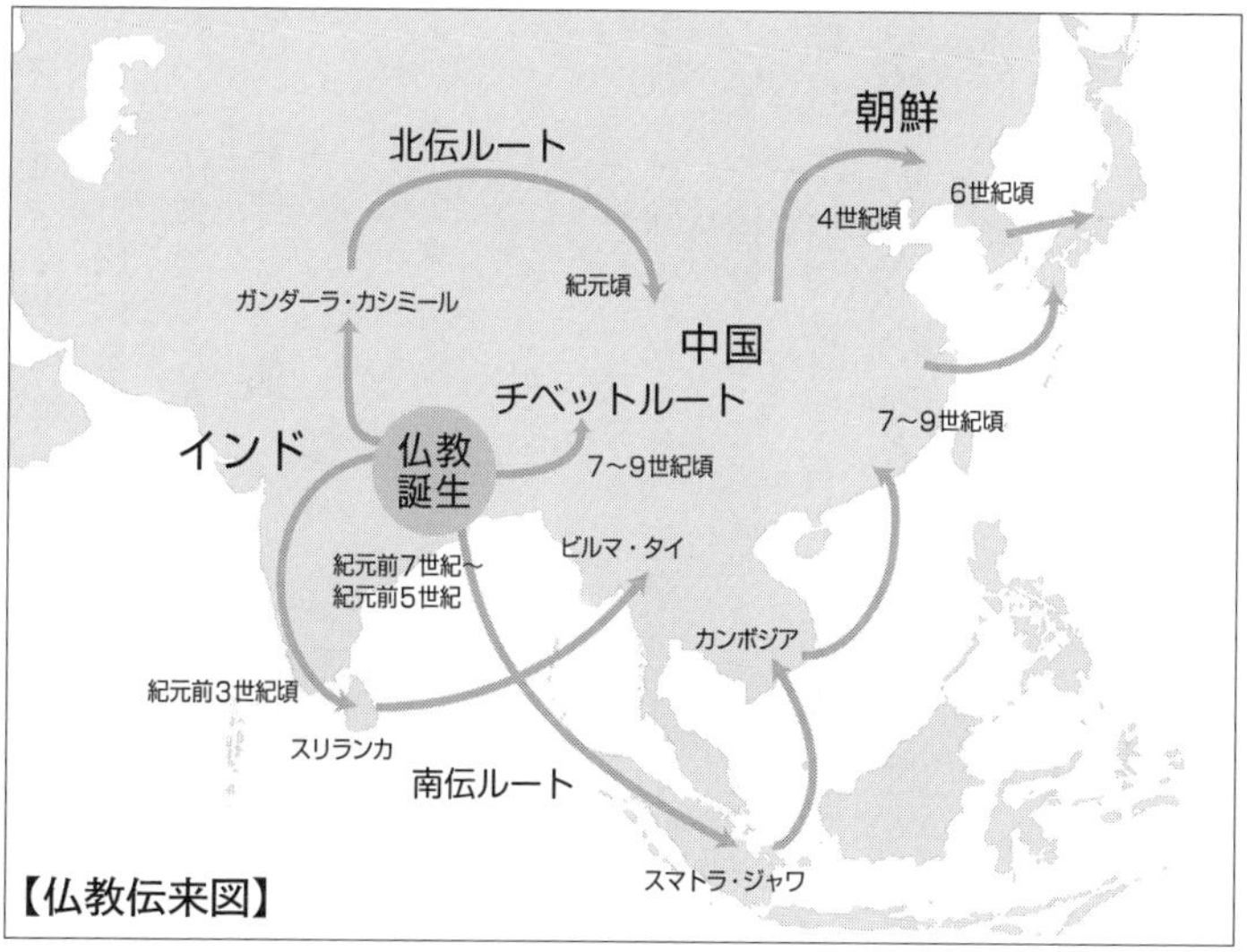

【仏教伝来図】

一方、皇統史の通説では欽明天皇即位は五三九年。そうであれば仏教公伝は先代の宣化天皇の代になります。欽明天皇の即位年については諸説あり、仏教公伝にも五五二年説があります。

いずれにしても、六世紀半ばには日本に公式に伝わった仏教でしたが、その時点では外国の宗教、あるいは文化のような存在でした。その証《あかし》に仏は、蕃神《あだしくにのかみ》、大唐神、他国神、仏神と呼ばれました。

氏族仏教から国家仏教へ

日本には古《いにしえ》より、自然崇拝の風習、八百万《やおよろず》の神々を敬う民族宗教があり、天皇はその祭祀の長でした。したがって、他国神である仏像を拝んだり、仏教を信仰することは許されません。そこで、臣下である蘇我稲目《そがのいなめ》に仏像を託しました。蘇我稲目は大臣《おおおみ》であり、言わば総理大臣。一方、蘇我稲目と権力を二分していた物部尾輿《もののべのおこし》は大連《おおむらじ》。言わば、国防大臣。両者は欽明天皇の二大重臣でした。

仏像を蘇我氏に託したことにより、仏教の扱いは蘇我氏と物部氏の対立の原因となります。仏像や仏教を大切に扱う蘇我氏は崇仏《すうぶつ》派、他国神を敬うことを非難する物部氏は排仏《はいぶつ》派と位置づけられました。

仏教公伝から約半世紀後の五八四年、蘇我稲目の後継者である蘇我馬子は、高句麗《こうくり》から渡来してきた恵便《えべん》を戒師として、善信尼《に》、禅蔵尼、恵善尼という日本で初めての出家者を誕生させます。のちの蘇我氏顕彰譚と日本書紀は五八四年を「仏法のはじめ、これよりおこれり」と記しています。日本で最初に誕生した出家者が女性であったことは、この段階では神道の巫女《みこ》の感覚で受けとめられていた可能性を示します。

翌五八五年、欽明天皇の次代である敏達《びだつ》天皇は、蘇我氏が私的に仏教を信仰することを許します。氏族仏教の誕生です。敏達天皇に蘇我氏の仏教容認を奏上したのは聖徳太子です。この時期、日本での仏教定着に大きな役割を果たしたのは聖徳太子ですが、その詳細は拙著「仏教通史」をご覧ください。

それから再び約半世紀後の六四五年（大化元年）、蘇我馬子《うまこ》の後継者である蘇我入鹿《いるか》の排除と政治体制一新を図った乙巳《いっし》の変と大化の改新が起き、皇極天皇から孝徳天皇に譲位されました。史上初めての生前譲位であり、元号も制定されました。

翌六四六年（大化二年）、「仏教興隆の詔《みことのり》」が発せられ、天皇が仏教の祭祀をとり行うようになりました。つまり、輸入仏教、氏族仏教が国家仏教へと転換した年です。この頃は大陸の大国、隋や唐の諸制度を模して国の体制を整えることに腐心した時期と重なり、日本の仏教史はその関わりを抜きには理解できません。

前述のとおり、大化の改新によって初めて日本に元号が誕生しました。また、日本という国号が登場するのは七〇一年（大宝元年）であり、六世紀から七世紀にかけての日本は、大陸や朝鮮半島からは倭国《わこく》と呼ばれていました。

造寺奨励の詔

さて、その間に寺院はどのような経緯で誕生したのでしょうか。

仏教公伝は五三八年、蘇我氏に仏教信仰が許されたのは五八五年、そしてその二年後の五八七年、蘇我馬子が法興寺《ほうこうじ》（現在の飛鳥寺《あすかでら》）建立を発願しました。五八七年は、崇仏派の蘇我馬子と排仏派の物部守屋が雌雄を決した戦いの年。日本書紀によれば、蘇我馬子は勝利を祈念し「諸天と大神王の奉為《おほみため》に寺塔《てら》を起立《た》てて、三宝を流通《つた》へむ」と誓願。勝利の末に法興寺を建立したと伝わります。

この戦いの際、蘇我氏側で弱冠十五歳の聖徳太子も参戦。自ら彫った四天王像を髪にくくりつけ、やはり勝利の暁には寺院を立てることを誓願。戦いに勝った聖徳太子が、誓願を果たすために五九三年に建立したのが大阪の四天王寺です。その後、都の周辺のみならず、各地に氏寺《うじでら》が建立されるようになります。大陸の隋や唐、朝鮮半島の高句麗、百済、新羅《しらぎ》から多くの僧や大工、石匠、仏師などが渡来し、日本に土着していきました。

六四六年（大化二年）の「仏教興隆の詔」から約四十年後の六八五年（天武十四年）、「造寺奨励の詔」が出され、いよいよ寺院建立が本格化します。それから十年後の六九五年の寺院数が、十一世紀末に編纂された扶桑略記《ふそうりゃくき》に記されています。それによれば、全国の寺院数は五四五。仏教伝来から約百五十年でこれだけの数に至っていました。扶桑略記によれば、その時点の尾張の寺院数は二十一、三河が十となっています。都を擁する大和は九十一です。

七四一年（天平十三年）、聖武天皇が「国分寺建立の詔」を発出し、各地に国分寺と国分尼寺を建立することを命じました。尾張は稲沢、三河は豊川に国分寺、国分尼寺が建立され、その周辺に寺院が増えていきました。詳しくは第五章で説明します。

この時期は、七一〇年（和銅三年）に藤原京が平城京へ遷都されたのち、七四〇年恭仁《くに》京、七四四年難波京、七四五年平城京、七八四年長岡京、七九四年（延暦十三年）平安京と遷都が繰り返され、その都度、それぞれの都の中や周辺に寺院が建立されていきました。

平城京は南都《なんと》とも呼ばれるようになり、とりわけ多くの寺院が建立されました。京内四大寺と称された大安寺、薬師寺、興福寺、元興寺《がんごう》は、平城京遷都の際に藤原京から移されました。東大寺は東京極大路に接した京外東にあり、聖武天皇の命で七五二年に創建。西大寺は右京の北に位置し、称徳天皇の命で七六五年に創建。以上の六寺に法隆寺を加えて南都七大寺と呼ばれました。このほか、海龍王寺、法華寺、唐招提寺、菅原寺（喜光寺）、新薬師寺、紀寺《きでら》、西隆寺などの大寺院が次々と建立されました。

最澄と空海

飛鳥時代（五九二〜七一〇年）から奈良時代（七一〇〜七九四年）にかけて、仏教は日本の民族宗教や慣習と徐々に混交していきます。

その間に大きな役割を果たしたのは、役行者《えんのぎょうじゃ》、行基《ぎょうき》、鑑真《がんじん》の三人です。役行者は天皇の系譜にもつながると言われますが、生没年や史実は明らかではありません。修験道《しゅげんどう》の祖と言われ、山岳信仰の傾向が強い日本仏教の流れを生み出しました。行基（六六八〜七四九年）は貧困や病気に苦しむ人々を救済する活動を熱心に行い、仏教と大衆の架け橋となり、晩年は朝廷から初めて大《だい》僧正《そうじょう》の官位を贈られ、東大寺大仏造営勧進聖《かんじんひじり》にも任じられました。僧や尼を正式に認定する仕組みがないことに窮した朝廷は、戒壇制度に詳しい唐の鑑真（六八八〜七六三年）を招聘。日本に戒壇制度をもたらしました。

行基は各地を巡り、困った人々を救済するために布施屋を設けることなどに力を尽くし、その縁《えん》で建立された寺院も少なくありません。愛知にも行基を開基とする寺院があります。

奈良時代に国家仏教は大いに発展し、その中心地であった平城京では南都六宗が隆盛しました。南都六宗とは、三論宗、成実宗《じょうじつ》、法相宗《ほっそう》、倶舎宗《くしゃ》、華厳宗《けごん》、律宗の六つです。

この頃の僧は、貴族や豪族、地方国司などの有力家系の子息が中心です。都の大学（教育機関）で学んだ後に、官僚や官僧になるエリートでした。都の南都六宗はやがて権力と結びつき、経典や宗論の研究に没頭し、人々の貧困や苦しみとは無縁の存在として徐々に腐敗していきます。やがて、孝謙天皇（女帝）と親しい関係となった道鏡《どうきょう》が自ら天皇になろうとしたとも伝わる事件も起き、仏教の腐敗と矛盾は頂点に達します。

そこに登場したのが最澄《さいちょう》（七六七〜八二二年）と空海《くうかい》（七七四〜八三五年）です。いずれも仏教の腐敗を憂いて、都の大学を出奔。最澄は比叡山に籠り、空海は山岳修行の行脚を重ね、やがてそれぞれ天台宗、真言宗の祖となります。

そして、九世紀になると、天台宗、真言宗の寺院が全国に建立されていきます。

最澄と空海が登場しなければ、その後の日本の仏教は大きく異なる展開になったと思います。仏教から色濃い影響を受けている日本社会も、今日とは異なる姿になったかもしれません。それほど重要な役割を果たした日本仏教の二大巨人です。同じ遣唐使船団に乗り合わせてそれぞれ九死に一生を得たこと、紆余曲折を経た末のふたりの交流と訣別、その後の対照的な人生など、紙幅がいくらあっても足りません。ご興味があれば、専門家による多くの関連書籍や拙著「仏教通史」などをご覧ください。

鎌倉六宗

最澄と空海によって確立した平安仏教も、平安時代末期（十二世紀）の戦乱と混迷の中で再び乱れます。天皇の力が弱まり、摂関家の専横、荘園領主の台頭、武士（桓武平氏と清和源氏）の登場、法皇・上皇の院政など、権力構造の混迷により治世は混乱を極めていました。

最澄の天台宗、空海の真言宗の系譜は続いていたものの、天台宗は山門派（比叡山延暦寺《えんりゃくじ》）と寺門派（三井寺《みいでら》＝園城寺《おんじょうじ》）に分かれて対立。それぞれ山法師、寺法師と呼ばれ、興福寺僧兵の奈良法師とともに、権力闘争に介入し、暴れていました。

奈良時代末期、腐敗した南都仏教を改めるために生まれた最澄・空海の平安仏教。しかし、それも平安時代末期には朝廷や武士の抗争の渦中の存在となり、再び退廃したということです。権力闘争に加担する寺や僧兵の狼藉に嫌気した人々は、徐々に新しい仏教の素地を生み出します。天台宗や真言宗という権威よりも、来世では誰でも成仏できるという浄土思想が広がりました。

その端緒は空也《くうや》（九〇三～九七二年）まで遡ります。空也は阿弥陀仏と念仏の教えを説いて洛中を行脚。市聖《いちのひじり》、捨聖《すてひじり》と呼ばれ、民衆を引きつけました。

源信《げんしん》（九四二〜一〇一七年）は、多くの経典から極楽往生に関する重要な文章を集めた往生要集を執筆。極楽往生するには一心に仏を想い、念仏を唱える以外に方法はないと説きました。

鎌倉時代に入ると、今日の宗派につながる鎌倉六宗が次々と登場します。法然《ほうねん》（一一三三〜一二一二年）の浄土宗、親鸞《しんらん》（一一七三〜一二六二年）の浄土真宗、一遍《いっぺん》（一二三九〜一二八九年）の時宗、栄西《えいさい》（一一四一〜一二一五年）の臨済宗、道元《どうげん》（一二〇〇〜一二五三年）の曹洞宗、日蓮《にちれん》（一二二二〜一二八二年）の日蓮宗です。そして、平安時代の天台宗、真言宗の寺院に続いて、全国各地に鎌倉六宗の寺院が建立されていきました。

愛知も例外ではありません。というよりも、尾張と三河からなる愛知は、京都と鎌倉の間に位置することから、鎌倉六祖師が東西往来の途上に足跡を残し、その縁で建立されたものも含め、多数の寺院が創建されました。

一向宗の拡大

やがて、室町時代を経て、戦国時代、安土桃山時代へと移ります。この時代に存在感を増していったのが一向《いっこう》宗と呼ばれた浄土真宗です。

親鸞が開いた浄土真宗。ひたすらに、一筋に念仏することを意味する「一向」から、一向宗と呼ばれていました。

室町時代には、親鸞の子孫が継承した京都東山大谷の本願寺派と、親鸞が在住布教した下野《しもつけ》（栃木）高田の専修《せんじゅ》寺派に分かれていました。

室町時代中頃の一四六七年（応仁元年）、足利将軍家の家督争いに有力幕臣（細川勝元と山名宗全）の対立も絡み、全国の武士を巻き込んだ応仁の乱（一四六七～一四七七年）が勃発。これを機に、戦国時代に突入します。

その頃、本願寺派には蓮如《れんにょ》（一四一五～一四九九年）、専修寺派には真慧《しんね》（一四三四～一五一二年）が登場し、一向宗の勢力は拡大します。蓮如は手紙（御文《おふみ》または御文章）や寄合いを活用して人々の布教に注力。門徒拡大の勢いを怖れた比叡山は、本願寺を破壊して蓮如を迫害します。蓮如は三河に逃げ、一四六八年に本宗寺《ほんしゅうじ》（岡崎）を建立しました。

一方、真慧は拠点を下野高田から伊勢一身田《いしんでん》に移し、高田派と称します。

蓮如が三河に逗留したこと、真慧も尾張に隣接する伊勢一身田に拠点を構えたことから、三河、尾張には浄土真宗の寺院が多数開創されました。

蓮如はその後、さらに越前吉崎《よしざき》に拠点を移します。吉崎には全国から門徒が集まり、大いに栄えます。吉崎の本願寺派の門徒、僧は、応仁の乱に伴う政争や加賀国の家督争いに巻き込まれ、一四八八年、加賀国守護の富樫政親を滅ぼします。以後、加賀国は、のちに織田信長に敗れるまでの約一世紀の間、本願寺派の門徒、僧、農民、武士、商人などが支配する自治国となります。加賀一向一揆衆です。

蓮如は吉崎での争いを避けて山科《やましな》に拠点を移します。また、大坂石山《いしやま》にも坊を建てました。一四九九年、蓮如が亡くなると、比叡山と日蓮宗の宗徒が近江守護の六角氏と手を組み、一向宗の山科の拠点を焼き討ち。それを機に、石山の坊が一向宗の拠点となりました。のちの石山本願寺です。

山科一向宗を襲撃した比叡山と日蓮宗でしたが、その後は日蓮宗の拡大を望まない比叡山が日蓮宗の二十一寺を破壊（天文法華の乱）。京都では日蓮宗が衰退する一方、比叡山はさらに勢力を増していきました。

こうして、戦国時代佳境の十六世紀には、比叡山と石山本願寺が二大宗教勢力となっていました。

比叡山と石山本願寺

織田信長（一五三四〜一五八二年）の天下統一の過程で、二大宗教勢力は常に信長の敵対勢力と呼応し、信長と戦いました。

意外に知られていませんが、信長に先んじて一向宗と対立したのは徳川家康（一五四二〜一六一六年）です。桶狭間の戦い（一五六〇年）で今川義元が討ち死にし、松平元康（のちの徳川家康）は岡崎に帰還しました。その約百年前に蓮如が三河に逗留して以来、元康の領内では一向宗が勢力を伸ばしていました。そのため、元康は一五六三年から翌年にかけて一向宗と戦いました。三河一向一揆です。

信長が天下布武の印文を使い始めた一五六七年頃、尾張に隣接する北伊勢も一向宗の勢力下にありました。親鸞の弟子、真慧が拠点を下野高田から伊勢一身田に移して約二年。既に門徒数十万人の一大勢力となり、事実上の自治領。同年、信長に敗れた美濃の斎藤龍興も北伊勢に逃げ込みました。

一五六八年以降、信長は伊勢国司北畠氏に弟・信包と次男・信雄、北伊勢の有力武士神部氏に三男・信孝を相次いで養子や養嗣子として送り込み、影響力拡大を図ります。

一五七〇年、浅井・朝倉や三好三人衆（摂津）と連携して石山本願寺が信長に対して挙兵。本願寺顕如《けんにょ》の命を受けた伊勢門徒も呼応して蜂起しました（長島一向一揆）。

一五七一年、信長は比叡山を焼き討ちしました。敵対していた浅井・朝倉に加勢し、撤退・中立の勧告も拒否したからです。

一方、信長の石山本願寺の戦い（石山合戦）は十年間続き、その間に信長の兄・信広、弟・信治、信興、秀成や重臣の多くが討ち死にしたことも、信長の執拗な一向宗との対立につながった理由のようです。

一五八〇年、正親町《おおぎまち》天皇の勅命で顕如は信長に有利な条件で和睦。ついに本願寺は石山（大坂）から退去しました。

一五八一年、高野山が信長の敵対勢力の残党を匿い、足利義昭と謀議。信長は織田領の高野聖《ひじり》数百人を捕縛・処刑し、高野山を包囲。対立が続く中、翌一五八二年、本能寺の変で信長は没します。

信長亡き後、豊臣秀吉（一五三七〜一五九八年）も当初は仏教勢力と対立。高野山を武力によって制圧します。

一五八五年、秀吉の紀州征伐、根来寺《ねごろじ》焼き討ちの際、高野聖の木食応其《もくじきおうご》が和議に臨みます。応其が秀吉の信頼を得たことから、秀吉はむしろ高野山の再興に尽力。応其は高野山を救いました。一方、応其も秀吉の方広寺造営や島津との和睦交渉に尽力しました。

秀吉は高野山内に母（大政所）の菩提寺（剃髪寺《ていはつじ》＝青巌寺《せいがんじ》）と興山寺を建立。両寺は現在の金《こん》剛峯寺《ごうぶじ》の前身です。

一五九三年、側室淀殿が秀頼を産むと、秀吉は関白の座を譲っていた甥の秀次と対立します。一五九五年、応其は秀次を青巌寺で切腹させる役回りを負わされました。

江戸時代の檀家制度

秀吉没後、関ヶ原の戦い（一六〇〇年）、江戸幕府開府（一六〇三年）、大阪冬の陣（一六一四年）、夏の陣（一六一五年）を経て、約二百六十年続く江戸時代が始まりました。

この間、石山から撤退後に顕如の三男准如《じゅんにょ》が継いでいた本願寺が東西に分裂します。一六〇二年、長男の教如《きょうにょ》が准如の継承に異議を唱え、家康に直訴しました。本願寺勢力の再結集を避けるため、家康は教如に対して本願寺のすぐ東に土地を与え、東本願寺を建立することを認めました。これが西本願寺（浄土真宗本願寺派）と東本願寺（真宗大谷《おおたに》派）の分立の始まりです。家康の統治戦略、宗教政策が影響したと言えます。家康は、鎌倉幕府以降の朝廷と幕府の対立、有力寺院と幕府の対立の歴史を踏まえ、朝廷と寺院を管理することを目指しました。

そのため、江戸幕府は高僧をブレーンとして登用し、徹底した公家と仏教の管理政策を実行しました。禁中並公家諸法度《きんちゅうならびにくげしょはっと》を起草した南禅寺の金地院崇伝《こんちいんすうでん》や、百八歳まで生きて家康・家忠・家光の三代に仕えた上野寛永寺の開基、天海《てんかい》はよく知られています。

徳川御三家の尾張藩でも、一六五一年に建立された建中寺（初代藩主義直菩提寺）に招かれた成誉廓呑《じょうよかくどん》など、高僧を藩政の相談役として登用しました。

また、江戸幕府は仏教を統治制度（幕藩体制）の中に巧みに組み込みました。寺院に本山《ほんざん》と末《まつ》寺《じ》の関係を定め、全寺院の管理統制を図りました。この本山末寺制は、一六三二年に寺院本末帳が作成されたことによって完成します。

一六三五年には寺社奉行を設置。寺院と神社を管理する役所です。各宗派には、江戸に出先機関である触頭《しょくとう》寺院を置くことを義務づけました。各藩の江戸屋敷と同じ位置付けです。

人々は必ずいずれかの寺院の檀家になり、旅などの移動の際には、檀家であることを証明する寺請《てらうけ》証文の携行が義務づけられました。人々が必ず菩提寺を持ち、名前・年齢・家族構成などを届け出て、それを記録するのが宗旨人別帳《しゅうしにんべつちょう》です。これは寺檀《じだん》制度・檀家《だんか》制度と呼ばれ、宗旨人別帳は現代の戸籍や住民票の役割を果たしました。

葬式、年忌《ねんき》法要、お盆、お彼岸、灌仏会《かんぶつえ》、成道会《じょうどうえ》、涅槃会《ねはんえ》、縁日参り、ご開帳、巡礼などの仏教行事が人々の暮らしに根づいていったのが江戸時代です。

廃仏毀釈後の仏教復興

約二百六十年続いた江戸幕府は、一八六七年の大政奉還で終わりを迎えました。戊辰戦争を経て成立した新政府は、欧米列強に追いつくことを目標に、富国強兵、殖産興業を掲げ、近代化を急ぎました。国力を集中するためには強力なカリスマ的リーダーが必要と考え、天皇を国と国民を統治する神と位置付け、国家神道が打ち出されました。

一八六八年（明治元年）、神仏分離令が発布され、本地垂迹《ほんじすいじゃく》説を拠り所とする神仏習合《しゅうごう》の考え方が否定されました。それに伴って廃仏毀釈《はいぶつきしゃく》が起こり、全国の多くの寺院が被害を受けました。

一八七〇年、「大教宣布の詔」が出され、神道国教化を目指す動きが強まり、廃仏毀釈、仏教排斥は一段と激化。徳川家とゆかりが深く、三大東照宮が置かれていた鳳来《ほうらい》寺も大きな影響を受けました。


江戸幕府の統治制度の一翼を担ってきた仏教を巡る環境は激変しましたが、やがて仏教界の革新、改革を目指す多くの僧が登場します。主な人々を紹介します。

浄土真宗本願寺派の島地黙雷《しまじもくらい》（一八三八～一九一一年）は、俗化した宗門の改革を主張。また、渡欧して欧州の宗教政策、宗教行政を研究し、政教分離と信教の自由を主張。パリから政府に建白書を送り、神道国教化を断念させることになります。

真宗大谷派の清沢満之《きよざわまんし》（一八六三～一九〇三年）は、佐々木月樵《ささきげっしょう》（一八七五～一九二六年）、暁烏敏《あけがらすはや》（一八七七～一九五四年）とともに雑誌「精神界」を発刊し、仏教革新を目指す精神主義運動を起こします。清沢満之は愛知ゆかりの人物で、第四章に登場します。

臨済宗円覚寺派の釈宗演《しゃくそうえん》（一八五九～一九一九年）は宗派を超えて仏教改革に注力。一八九三年には米国で開催された万博に出席してスピーチし、日本の仏教を世界に発信しました。

釈宗演の弟子が鈴木大拙《すずきだいせつ》（一八七〇～一九六六年）です。東京帝国大学哲学科で学ぶと同時に禅を修め、一八九七年に渡米。多くの仏教書を英訳して日本の仏教を世界に伝えました。

ほかにも、多くの弟子を育てた曹洞宗の沢木興道《さわきこうどう》（一八八〇～一九六五年）、日蓮宗を脱して在家仏教の指導者となった田中智学《たなかちがく》（一八六一～一九三九年）、中央アジアの仏跡探検を果たした大谷光瑞《おおたにこうずい》（一八七六～一九四八年）、チベット仏教を研究した河口慧海《かわぐちえかい》（一八六六～一九四五年）など、いずれも近代仏教の礎を築いた先人たちです。

余談ですが、この本を執筆中の昨年暮れにトルコを訪問した際、古都ブルサにも大谷光瑞の足跡が残っていたことには驚きました。

そうした動きの真っ只中の一八九八年、北インドのピプラーワーで仏舎利（お釈迦様の遺骨）が発見されました。その仏舎利がタイ（シャム）国王から日本に分骨されることになったのを契機に、宗派を超えた仏教界の集まりとして帝国仏教会が組織されました。その仏舎利を奉安しているのが覚王山日泰寺《かくおうざんにったいじ》です。本堂前にはタイ国旗が掲げられ、タイ国王の銅像もあります。ご本尊は、タイの国宝、釈迦金銅像です。覚王山日泰寺開創の経緯は、第二章で詳述します。

昭和に入ると、戦時色が強まる中、政府による宗教統制が強化され、仏教界も次第に戦争に協力する姿勢に転じていきました。一九三九年、宗教団体法施行によって仏教界は国家政策に同調。一九四四年の大日本戦時宗教報国会の設立を経て、敗戦を迎えました。

一九四五年、敗戦に伴って発布された宗教法人令によって十三宗二十八派の統制が解除され、二百六十団体が宗教法人として名乗りを上げました。

＊

以上のような歴史を持つ日本の仏教です。本書はその長い仏教の歴史の中において、日本仏教の礎を築いたひとりであるお大師様（弘法大師空海）ゆかりの本四国の愛知における写し霊場に焦点を当てています。

約二五〇〇年前のお釈迦様、約一二〇〇年前のお大師様が、現代の私たちに影響を与え続けているのは本当にすごいことです。

お釈迦様の生涯や仏教史、お大師様の生涯や日本仏教の変遷などについては、拙著「仏教通史」にまとめています。本書と合わせてご一読いただければ、仏教史全体の中での愛知の本四国写し霊場の位置づけをより深くご理解いただけるものと思います。本書ではとりわけ、覚王山八十八ヶ所、知多四国、三河新四国について詳しくお伝えします。

邊地修行と修験道

遍路や巡礼のルーツは、古くは縄文時代、弥生時代の邊地《へち》修行に端を発します。邊地とは、遠い場所というような意味と考えていただいてよいでしょう。

子どもの頃、自分の遊び場、行動範囲は自宅からせいぜい一キロメートル四方ぐらい、あるいは自分の小学校の学区内ぐらいだったと思います。その範囲を越えて遠くに行くことは、子どもにとって冒険であり、何か未知の領域に足を踏み入れるようなドキドキ感があったのを覚えています。

縄文時代、弥生時代の邊地は、あえて喩えれば、そうした子どもの冒険領域に似ていたと想像します。もちろん、実際はそれ以上に壁の高い神域です。神域という感覚は、日本古来の自然崇拝から生まれました。山川草木《さんせんそうもく》全てに神々が宿り、邊地の山々は畏怖すべき八百万《やおよろず》の神々の領域という感覚です。日本各地で、そうした邊地に足を踏み入れる行為が、一定の年齢に達し、大人になるための通過儀礼、儀式として行われていたようです。

やがて、邊地に足を踏み入れるだけでなく、邊地にとどまり、修行をする者が現れました。邊地修行者と言われ、のちの山岳修行者、修験道の萌芽です。全国各地にそうした霊地、聖地が誕生し、修験道の場となっていきました。大峰山《おおみね》（奈良）、出羽《でわ》三山（山形）、英彦山《ひこ》（大分・福岡）が三大修験道と言われることがあります。

大峰山は奈良南部にあり、山上ヶ岳、稲村岳、八経ヶ岳、釈迦ヶ岳などの大峰山系の山々の総称です。大峰山の修行場で有名なのが西の覗《のぞ》き。断崖絶壁から命を絶つ覚悟で身を乗り出し、仏の世界を覗く修行です。

出羽三山は、古くから山岳信仰の場として知られる月山《がっさん》、羽黒《はぐろ》山、湯殿《ゆどの》山の総称です。月山が前世、羽黒山が現世、湯殿山が来世を表すとされ、出羽三山の修験や巡礼は「生まれかわりの旅」とされています。

英彦山は大分と福岡にまたがり、武芸の鍛錬を行っていた山伏の坊舎跡などの史跡も残る修験道で、望雲台と呼ばれる切り立った断崖が知られています。朱塗りの柱にこけら葺きの屋根が特徴の神宮奉幣殿が英彦山修験道の中心です。

ほかにも、恐《おそれ》山（青森）、鳥海山（山形）、日光山（栃木）、戸隠《とがくし》山（長野）、御嶽《おんたけ》山（岐阜）、白山（石川）、立山《たてやま》（富山）、富士山（静岡）、伊吹山（滋賀）、金峯山《きんぷせん》（奈良）、熊野三山（和歌山）、伯耆大山《ほうきだいせん》（鳥取）、石鎚《いしづち》山（愛媛）、剣《つるぎ》山（徳島）、阿蘇山（熊本）など、各地の人々の信仰を集め、修験者が修行に分け入った山々がありました。

愛知では、鳳来寺山が平安時代初期から修験道の場として知られています。開基は役小角の兄弟とも言われる利修《りしゅう》仙人です。「峰の薬師」とも呼ばれる鳳来寺を擁する奥深い山々は薬草の宝庫でもあります。修験者や真言・天台の密教僧が病気平癒の秘薬や秘法を生み出し、各地に伝えていきました。山岳地帯ではありませんが、常滑《とこなめ》の高讃寺《こうさんじ》は知多修験道、犬山《いぬやま》の寂光院は尾張修験道の拠点だったと言われています。

四国八十八ヶ所霊場

飛鳥時代から奈良時代にかけて、修験道の祖、役行者が吉野の山中、葛城山《かつらぎ》を中心とした神域で邊地修行、山岳修行を行いました。この時期、全国の修験道の霊地、山岳を渡り歩く邊地修行者が登場し、山の民とも言える存在が確立していきます。

やがて、行基や永興《えいこう》など、仏教僧であり、山岳修行者でもある人々が日本仏教を特徴づけていきます。あるいは、山岳修行者が仏教僧になっていったとも言えます。こうした人々にとって、言わば人気のパワースポットが吉野や熊野でした。

しかし、吉野や熊野が徐々に知られるようになると、都に近いこともあり、天皇や貴族、武士の前身である豪族など、多くの人々が巡拝するようになります。「蟻《あり》の熊野詣《もうで》」と言われ、巡礼者が列を為すほど賑わった時期です。そうなると、本来の邊地修行者たちは、より静かで深遠な邊地を求めるようになりました。

やがて、紀伊路から淡路島を渡り、未踏の邊地である四国へと足を踏み入れました。紀伊、淡路、阿波、土佐、伊予、讃岐の六か国は、山陽道や畿内よりも南に位置することから、総称して南海道と呼ばれるようになります。

ちょうどその頃、後世の日本仏教をかたちづくるふたりの巨人、最澄と空海が登場します。最澄は近江、空海は讃岐の出身です。空海が紀伊路のみならず、自らの生誕地である四国の邊地で修行を重ねたことが、のちの四国八十八ヶ所霊場につながっていきます。

一説には、八一五年、空海が厄年の時に、四国八十八ヶ所霊場を自ら定めたとの言い伝えがあります。弟子たちが、後世になって空海ゆかりの修行地を霊場と定めたという説もあります。

いずれにしても、空海という邊地修行者、山岳修行者、仏教僧としての巨人が登場したことが、四国八十八ヶ所霊場の成立につながりました。もちろん、四国以外でも、巡拝、巡礼のための霊場が成立していきます。しかし、その中でも、四国八十八ヶ所霊場が別格の存在感を示しているのは、日本仏教の巨人、空海ゆかりの霊場だからでしょう。

その後、平安時代、鎌倉時代にかけて、円珍《えんちん》、聖宝《しょうぼう》、重源《ちょうげん》など、空海の弟子、孫弟子たちのみならず、一遍、木食応其《もくじきおうご》などが四国巡礼を重ね、他の僧俗にも四国八十八ヶ所霊場が広まっていきます。

戦国時代、安土桃山時代を経て江戸時代になると、四国遍路の旅はお伊勢参りや大峯修験道

（吉野・熊野）とともに、仏教者のみならず、人々にとっても憧れの巡礼の旅となります。とくに四国は、伊勢や吉野・熊野よりも一段と遠い巡礼地であるため、一層特別な印象を高めていきました。

江戸時代の初期、宥辧真念《ゆうべんしんねん》という高野聖《ひじり》が四国遍路を重ね、やがて「四國邊路道指南《みちしるべ》」という木版本の案内記を出版（一六八七年）。八十八ヶ所霊場の名称とご詠歌、巡礼の作法などを解説したガイドブックでした。この案内記が四国遍路を人々に広めた契機と言われています。真念は「八十八」の数字の由来などを述べた「四國徧礼《へんろ》功徳記」もまとめています。八十八の由来については後述します。

さらに真念が四国八十八ヶ所霊場の資料を高野山の学僧、雲石堂寂本《じゃくほん》に提供したところ、寂本は各霊場の縁起をまとめた「四国徧礼霊場記」を出版しました。

真念と寂本のこの三冊の本は「四国霊場三部作」と呼ばれ、江戸時代を通して、全国の僧俗に四国遍路を広めることに寄与しました。

江戸時代を通じて、一番から二十三番の阿波（徳島）「発心《ほっしん》の道場」、二十四番から三十九番の土佐（高知）「修行の道場」、四十番から六十五番の伊予（愛媛）「菩提《ぼだい》の道場」、六十六番から八十八番の讃岐（香川）「涅槃《ねはん》の道場」からなる四国八十八ヶ所霊場が確立しました。

やがて各地に写し霊場が開創され、四国八十八ヶ所霊場は本四国と呼ばれるようになりました。詳しくは第五章で説明します。

本四国は全行程を歩いてお遍路すると、全長約一四〇〇キロメートルの旅路となります。実際に歩き遍路に挑戦するには十分な時間が必要です。健脚の人でも三か月ぐらいはかけてゆっくり回ることをお薦めします。

因みに、巡礼とお遍路の違いを記しておきます。祖師の仏跡や霊場を巡ることを一般的に巡礼と言います。仏教以外でも巡礼という言葉は使います。一方、お遍路は巡礼の中でも弘法大師空海、お大師様の足跡を辿って本四国やその写し霊場を巡ることを言います。巡礼が一般名詞、お遍路が固有名詞という感じです。本書でも折々使い分けていきたいと思います。

中務茂兵衛と水谷ご夫妻

こうした経緯を経て、四国八十八ヶ所霊場、本四国は他の巡礼地に比べて圧倒的によく知られるとともに、僧俗に人気の巡礼地となりました。当然、何度もお遍路をする先達《せんだつ》が現れ、中でも忘れてはならないのが、中務茂兵衛《なかつかさもへい》です。

江戸時代末期の一八四五年に生まれた茂兵衛は、生涯に二百八十回もお遍路を打って、一九二二年に七十六歳で亡くなりました。一年に四回お遍路をしても七十年かかる回数です。おそらく、ずっとお遍路をし続けたということでしょう。

茂兵衛は長州（山口県）の庄屋の三男として生まれ、親に結婚を反対されたのを契機に家を出て、生涯遍路の旅路につきました。茂兵衛は生き仏、念仏行者、先達と呼ばれ、宿坊や善根宿《ぜんこんやど》の人々、お接待さんたちに慕われたそうです。

その後も、山本玄峰《げんぽう》（一八六六～一九六一年、臨済宗妙心寺派管長）、小林雨峯《うほう》（一八七六～一九三七年、真言宗豊山派化主）などの高僧にとどまらず、多くの先達が続きました。

俳人の種田山頭火《たねださんとうか》（一八八二～一九四〇年）、歌舞伎役者の八代目市川団蔵《だんぞう》（一八八二～一九六六年）、女性解放運動家の高群逸枝《たかむれいつえ》（一八九四～一九六四年）、内閣総理大臣の池田勇人《はやと》（一八九九～一九六五年）などが、四国八十八ヶ所霊場会の先達教典などで紹介されています。

私は愛知県民ですが、愛知県先達会のみならず、全国のお遍路さんの知る人ぞ知るのが、愛知県旧尾西市（現在の一宮市）の水谷繁治《しげじ》（一九〇九～一九九一年）さん、しづ（一九一〇～一九八五年）さんご夫妻。しづさんが脊椎カリエスを患い、闘病生活を続けていた折、繁治さんが妻の病気平癒を祈念して本四国を代参《だいさん》しました。代参とは、祈願者に代わってお遍路を打つことを言います。

中務茂兵衛（香川県さぬき市へんろ資料展示室提供）

代参から戻ると、妻の様子が多少なりとも良くなっているように感じた繁治さんは、妻をお遍路に連れていくことを決意します。難病のしづさんにとってはまさに決死の覚悟のお遍路です。もともとお遍路さんの白装束《しろしょうぞく》は、道中、いつ行き倒れてもそのまま埋葬してもらえることを覚悟しての出《い》で立ち。古来、病や苦しみから救われることを念じて旅したお遍路さんの本来の姿です。

一九六二年、お遍路を打ち始めたご夫妻。夫が病身の妻を支えながらの旅路は、やがて二十七番札所、土佐の神峯寺《こうのみね》に到りました。「真《ま》っ縦《たて》」と呼ばれるほどの急勾配で知られる神峯寺。足もとが悪く、しづさんには危険な難所です。ご本尊に参拝してようやく帰路についたものの、しづさんは坂道で転んで背中を強打したそうです。

真っ青になって助け起こそうとする繁治さん。しかし、しづさんはそれを制して自分で立ち上がりました。そして「誰かありがたいお坊さんが自分を起こしてくれました」と語り、旅路を再開。以後、しづさんの体力、健康は日を追うごとに回復し、無事、お遍路を打ち終えて八十八番札所、讃岐の大窪寺で満願しました。このことに感謝したご夫妻は、生涯をお大師様信仰、お遍路信仰の伝道に捧げ、愛知県先達会の発足につながる山水会を立ち上げました。

繁治さんにご夫妻でのお遍路を勧めたのは六番札所、阿波の安楽寺のご住職だったそうです。安楽寺には水谷ご夫妻が奉納したご本尊があり、神峯寺には有志が奉納した霊験碑が立っています。

江戸時代に人々に広まった本四国ですが、明治時代に入ると廃仏毀釈の影響も受けました。しかし、僧俗の根強い人気や信仰に支えられ、明治時代の後期には四国霊場会を立ち上げる動きにつながりました。四国霊場会では、お遍路や参詣時のお作法などに加え、組織の規定も定めていたようです。

大正時代になると、四国霊場開創千百年を契機に、各札所の横の連携も深まったほか、お遍路に鉄道や船、やがては乗り合い自動車などが使われるようになりました。一九三七年には、鉄道会社と共催で「四国八十八ヶ所霊場出開帳《でがいちょう》」といった催し物も開かれ、好評を博したようです。出開張というのは、境内以外の場所でご本尊などの尊像を公開（開帳）することです。開帳した場所は、札所や境内と同じ霊場と考えられます。

戦後、一九五三年には、四国霊場巡拝バスが登場。今日の姿に近づいていきます。一九五八年、四国霊場会は公認先達制度を発足させ、内藤淺三《せんぞう》（一八九六～一九七四年）さんが最初の公認先達に認定されました。

内藤淺三さんは滋賀県長浜市の出身。二十一歳の時に肺結核にかかったのを契機に、病気平癒を祈願してお遍路に旅立ちました。二十八歳の時、霊験により病の苦しみから解放され、残りの人生をお大師様に捧げ、本四国とお遍路を支える活動に腐心しました。

全国各地に先達会が発足しましたが、中でも規模が大きく、熱心に活動を始めたのが愛知県先達会。前述の水谷繁治さん・しづさんご夫妻の設立した山水会などの尽力で、一九七七年に発足しました。四国や高野山に近い関西では、一九八一年、関西先達会が発足しました。その年、第一回全国先達会が開催され、以後、回を重ね、今日に至っています。

地方の過疎化や経済低迷が続く中、四国八十八ヶ所霊場、本四国の維持存続も難題を抱えています。しかし、地球規模の混迷や複雑な社会問題に直面し、人々が様々な悩みに葛藤する現代だからこそ、四国八十八ヶ所霊場、本四国のお遍路は、根強い人気と信仰によって続いています。

八十八の由来

ところで、四国霊場はなぜ八十八ヶ所なのでしょうか。この章の最後になりますが、八十八ヶ所の由来についてご紹介します。

この疑問を抱いていろいろ調べてみたところ、最初に遭遇した説は、男四十二歳、女三十三歳、子ども十三歳のそれぞれの厄年を足すと八十八。つまり、人々の幸せを祈る数字としての八十八という説でした。

「なるほどなぁ」と感心していたところ、「いやいや、それは違う」と教えてくださる方が現れました。曰く、日本人にとって最も大切な「米」の字を分解すると「八十八」になるので、これが由来だとおっしゃいます。

ではこの際、しっかり調べてみようと思って文献を読んだり、高僧のお話を聞いてみると、由来の縁起はほかにもありました。

例えば、「三十五仏名礼懺文《ぶつみょうらいさんもん》」の三十五と「観薬王薬上二菩薩経《かんやくおうやくじょうにぼさつきょう》」の五十三を足すと八十八。これが由来とする説。

西国三十三、熊野九十九、日本廻国《かいこく》六十六などの霊場があることから、四国の場合は日本古来の聖なる数字である「八」を重ねて八十八とした、とする説。

でもこの場合、そもそも三十三、九十九、六十六の由来がわからないと得心がいかないほか、それぞれの霊場開創の時代の前後関係も気になります。因みに「廻国」とは、諸国の聖地を巡り歩くことを指し、廻国巡礼とも言います。そのお遍路さんは、廻国行者と呼ばれるそうです。

お釈迦様入滅後に、遺骨（仏舎利）は八つに分骨されてストゥーパ（仏塔）に安置されました。詳しくは拙著「仏教通史」をご覧ください。お大師様は、唐に渡った際に八塔聖地の土を貰い受け、八塔の数を十倍にして元の数の八を足して八十八。こうして導き出した八十八という数を重んじて霊場の数としたとする説。

「う～ん」と唸っていたところに、次の説に遭遇しました。

お釈迦様が覚りを開いたのち、鹿野苑《ろくやおん》で行った最初の説法のことを初転法輪《しょてんぼうりん》と言います。その初転法輪の中で、お釈迦様は次のように教えたそうです。人間の煩悩は百八あり、自分の心との葛藤に打ち勝って鎮めることのできる「迷理の煩悩（見惑《けんわく》）」が八十八、他人を救って鎮めることのできる「迷事の煩悩（修惑《しゅわく》）」が十、両方を足して九十八が「根本煩悩」。さらに、自分自身ではどうしようもない「始末煩悩」の十を足すと百八。

お大師様は著書「十住心論《じゅうじゅうしんろん》」の中でこの整理を述べていることから、八十八は見惑、すなわち自分の心との葛藤に打ち勝って鎮めることのできる煩悩の数にかけて、四国霊場の数を八十八に決めたとする説です。

個人的には、この「見惑」説に得心がいきました。因みに、四国霊場会でも、この説をとっているようです。

第二章

日泰寺と覚王山八十八ヶ所

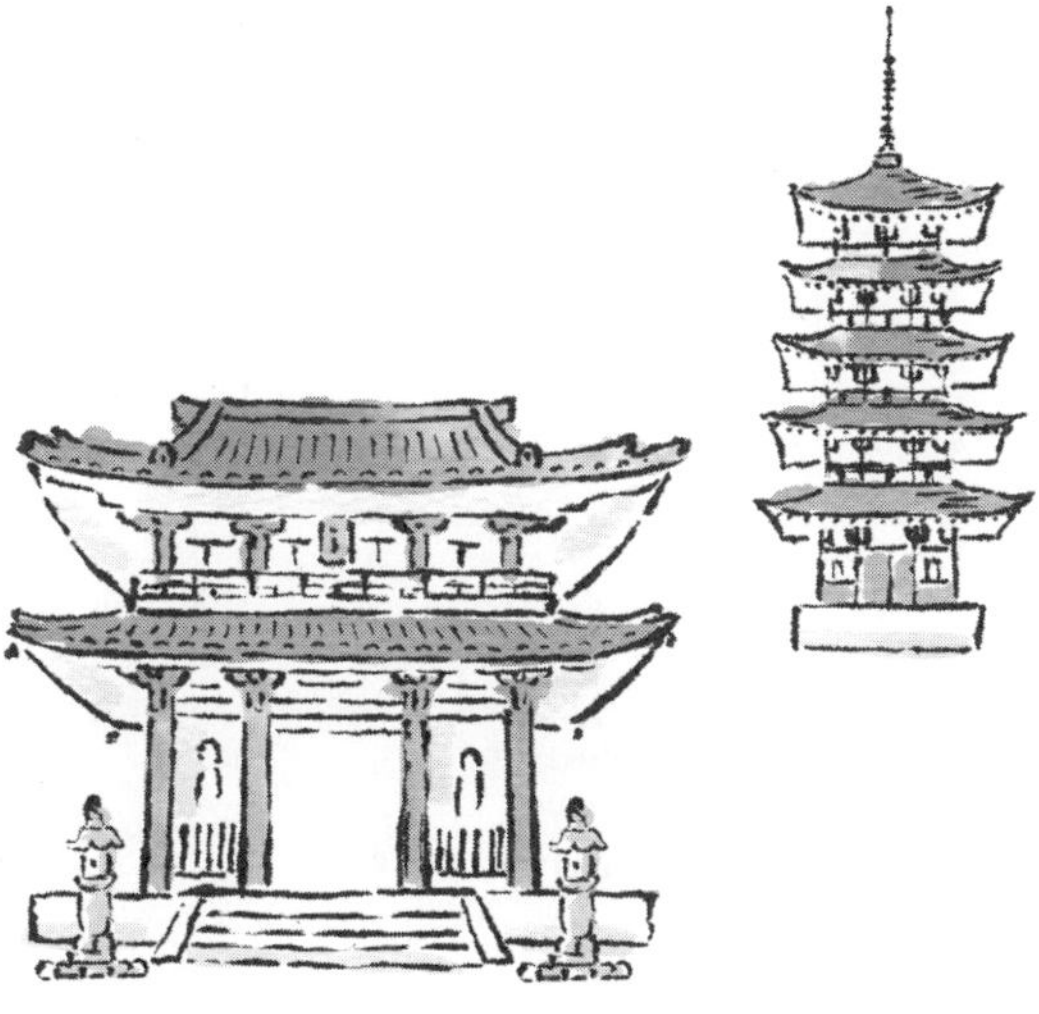

（※）地図中の周辺寺院の情報は拙著「弘法大師の生涯と覚王山」第四章をご参照ください。

（2008年夏現在・地図制作/片岡三佳）

覚王山八十八ヶ所霊場地一覧

1	霊山寺	23	薬王寺	45	岩屋寺	67	大興寺
2	極楽寺	24	最御崎寺	46	浄瑠璃寺	68	神恵院
3	金泉寺	25	津照寺	47	八坂寺	69	観音寺（七宝山）
4	大日寺（黒巖山）	26	金剛頂寺	48	西林寺	70	本山寺
5	地蔵寺	27	神峰寺	49	浄土寺	71	弥谷寺
6	安楽寺（温泉山）	28	大日寺（法界山）	50	繁多寺	72	曼荼羅寺
7	十楽寺	29	国分寺（摩尼山）	51	石手寺	73	出釈迦寺
8	熊谷寺	30	善楽寺（妙色山）	52	太山寺	74	甲山寺
9	法輪寺	31	竹林寺	53	円明寺	75	善通寺
10	切幡寺	32	禅師峰寺	54	延命寺	76	金倉寺
11	藤井寺	33	雪蹊寺	55	南光坊	77	道隆寺
12	焼山寺	34	種間寺	56	泰山寺	78	郷照寺
13	大日寺（大栗山）	35	清滝寺	57	栄福寺	79	高照院
14	常楽寺	36	青龍寺	58	仙遊寺	80	国分寺（白牛山）
15	国分寺（法養山）	37	岩本寺	59	国分寺（金光山）	81	白峯寺
16	観音寺（光耀山）	38	金剛福寺	60	横峰寺	82	根香寺
17	井戸寺	39	延光寺	61	香園寺	83	一宮寺
18	恩山寺	40	観自在寺	62	宝寿寺	84	屋島寺
19	立江寺	41	龍光寺	63	吉祥寺	85	八栗寺
20	鶴林寺	42	仏木寺	64	前神寺	86	志度寺
21	太龍寺	43	明石寺	65	三角寺	87	長尾寺
22	平等寺	44	大宝寺	66	雲辺寺	88	大窪寺

覚王山八十八ヶ所霊場

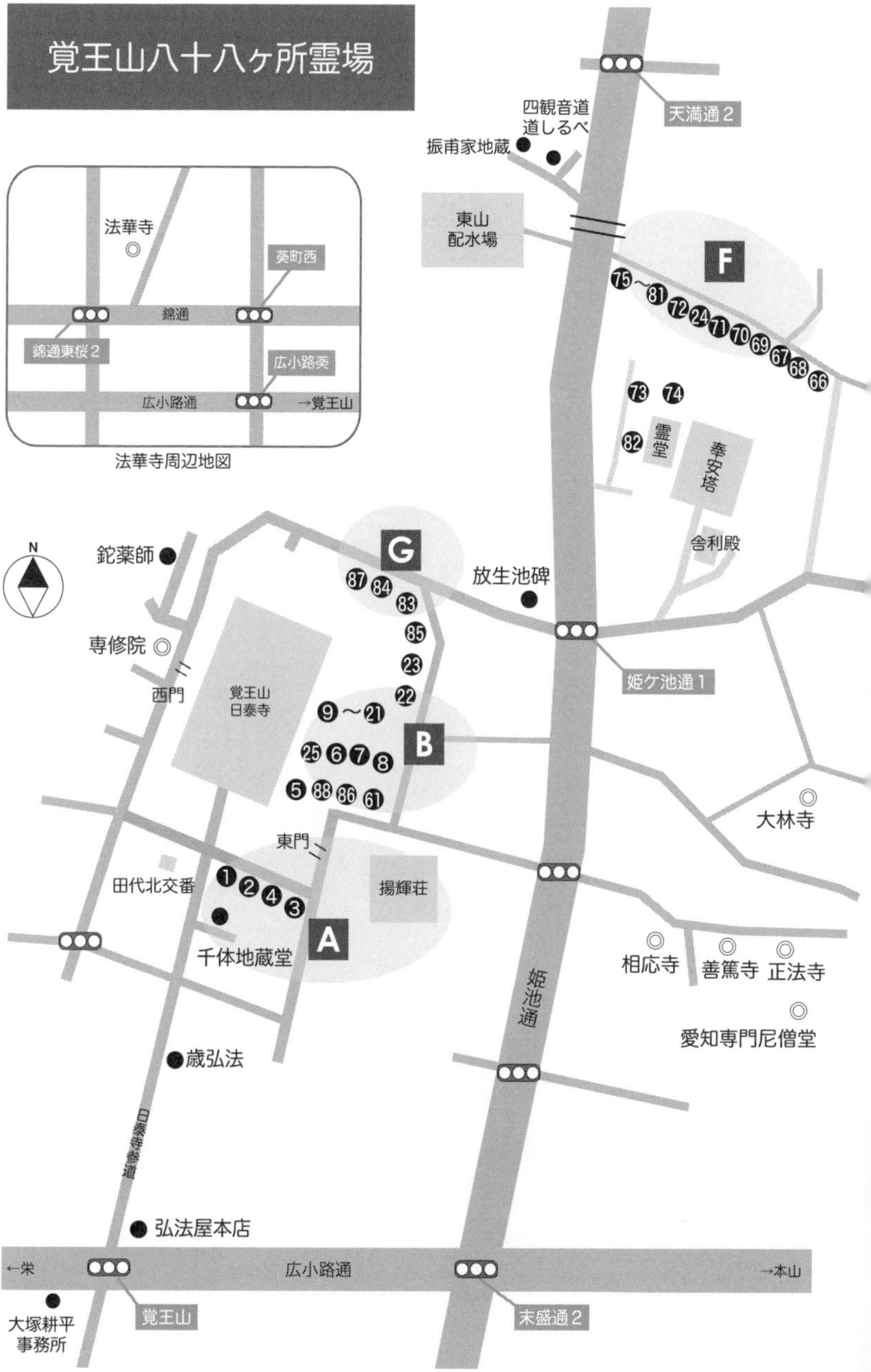

法華寺
葵町西
錦通
錦通東桜 2
広小路葵
広小路通
→覚王山
法華寺周辺地図
四観音道
道しるべ
振甫家地蔵
天満通 2
東山
配水場
F
75～81 72 24 71 70 69 67 68 66
73 74
82 霊堂
奉安塔
舎利殿
G
87 84 83 85 23 22
放生池碑
姫ケ池通 1
鉈薬師
N
専修院
西門
覚王山
日泰寺
9～21
B
25 6 7 8
5 88 86 61
大林寺
東門
田代北交番
1 2 4 3
揚輝荘
A
千体地蔵堂
相応寺
善篤寺
正法寺
姫池通
愛知専門尼僧堂
歳弘法
日泰寺参道
弘法屋本店
←栄
広小路通
→本山
大塚耕平
事務所
覚王山
末盛通 2

筆者は名古屋市千種《ちくさ》区で育ちました。今も住んでいます。自分が通った小中学校の学区内に覚王《かくおう》山日泰寺《ざんにったいじ》という寺院があり、子どもの頃からその境内で遊んでいました。

県内各地から参拝者が訪れる覚王山日泰寺の縁日は「弘法《こうぼう》さん」と呼ばれて親しまれています。縁日の際には、日泰寺の周囲を取り囲むように並んでいる本四国の写し霊場、覚王山八十八ヶ所が賑わっています。

どうして覚王山に「弘法さん」の縁日が立ち、本四国の写し霊場があるのでしょうか。

名古屋弁的に表現すると「そりゃあ、おみゃ〜さま、弘法さんがおるんでしょ、日泰寺の中に」とおっしゃるお年寄りもいると思いますが、それは違います。日泰寺本堂に祀られているご本尊は、タイ国王から寄贈された釈尊金銅仏《しゃくそんこんどうぶつ》です。

大勢の参拝客で賑わう日泰寺

正面にはプミポン国王（ラーマ九世、一九二七～二〇一六年）直筆の勅額が掲げられており、タイの文字で「釈迦牟尼仏《しゃかむにぶつ》」と記されています。勅額の両側には、プミポン国王とチュラロンコン国王（ラーマ五世、一八六八～一九一〇年）のご紋章が輝いています。さらに、本堂の左側にはチュラロンコン国王の立像（一九八七年建立）があり、タイ国旗が掲げられています。

ここまで書くと、お気づきのことと思います。日泰寺は「日本」と「タイ」で日泰寺です。なぜ名古屋のこの場所に「日本」と「タイ」で日泰寺というお寺が創建されたのか。その歴史を旅しつつ、覚王山八十八ヶ所開創の経緯をご紹介します。

なお、この当時の「タイ」の国名は「シャム」。一九三二年（昭和七年）に国名が変わるまでは「シャム」でしたが、以下の文中では「タイ」と表記して進めます。

仏舎利発見

お釈迦様は今から約二五〇〇年前の人です。本名をガウタマ・シッダールタといい、シャーキャ（釈迦）国の王子として生まれました。

二十九歳の時に修行の旅に出て、三十五歳で覚りを開き、後世、お釈迦様と呼ばれるようになりました。

仏教、キリスト教、イスラム教は世界三大宗教と言われますが、イエスは約二〇〇〇年前の人、ムハンマドは約一四〇〇年前の人。お釈迦様と仏教が一番古い時代です。

西洋では、イエスもムハンマドも実在の人物として扱われてきました。一方、お釈迦様については、つい百年ほど前まで実在の人物ではないと考えられていました。日本人やアジアの人々にとっては意外なことです。

ところが一八九八年（明治三十一年）、インド北部のネパールとの国境付近、ピプラーワーという場所でお釈迦様の遺骨（仏舎利）が発見されました。日本を含むアジアの仏教国では、各地で仏舎利が伝承されています。その信憑性は高くなく、中には石英やルビーといった鉱石や、人骨ではないものが祀られている場合もあります。

しかし、ピプラーワーで発見された仏舎利は、西洋の歴史学、考古学、宗教学の分野でも本物のお釈迦様の骨（ご真骨）であると認識され、この発見を契機にお釈迦様は実在の人物であったと考えられるようになりました。

そして、そのご真骨が覚王山日泰寺に祀られているのです。「どえりゃ～ことだがや」と思われた人も多いと思いますが、そうです、「どえりゃ～こと」なのです。

八大聖地

インド北部のお釈迦様ゆかりの地は聖地となっています。

生誕地はルンビニー、覚りを開いた場所はブッダガヤー、覚りの後に初めて説法した地がサールナート、涅槃《ねはん》に入った（亡くなった）場所のクシナガラが四大聖地。

さらに、修行で籠もった霊鷲山《りょうじゅせん》のあるラージャグリハ、お釈迦様が模範的な都市として一目置いたヴァイシャーリー、修行場所として信者が寄進してくれた祇園精舎（寺院）の所在地シュラーヴァスティ、昇天伝説のあるサンカーシャを加えると八大聖地。

このうち生誕地のルンビニーは、お

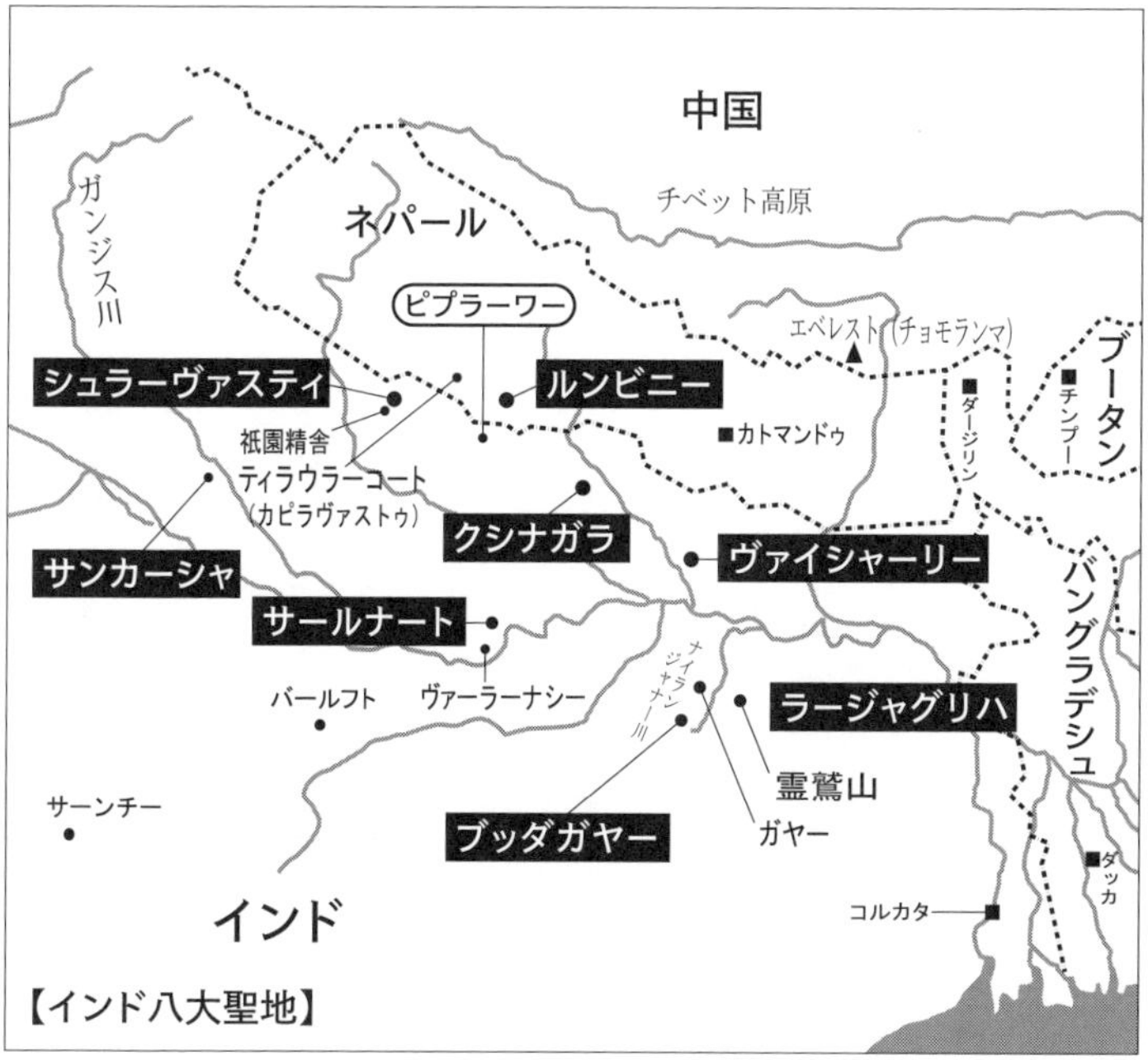

【インド八大聖地】

釈迦様の出身であるシャーキャ国の都カピラヴァストゥの近くです。

お釈迦様は亡くなった後に荼毘に付され、遺骨(仏舎利)はお釈迦様に帰依していた八つの国(部族)に分けられたと伝わっています。当然、シャーキャ国にも分骨され、仏舎利を祀った場所がカピラヴァストゥと言われています。都ですから、当然です。

カピラヴァストゥの場所は考古学的には今なお論争になっていますが、仏舎利が発見されたピプラーワーこそがカピラヴァストゥではないかと考える説が有力です。

それにしても、その仏舎利はどのような経緯で発見されたのでしょうか。

ウィリアム・クラクストーン・ペッペ

その頃、インドは英国の植民地。ビクトリア女王がインドの国王として君臨していました。インドには多くの英国人が駐在していましたが、そのひとりがウィリアム・クラクストーン・ペッペ。植民地の地方行政官でしたが、探検家でもあったと言われています。

当時は欧米諸国で考古学が盛んになっており、研究者や探検家によって古代文明のあった地域の探検や発掘が行われていました。映画インディ・ジョーンズのような世界です。英国政府も植民地政策の一環として、一八六二年に考古調査局を設置して遺跡の発掘を奨励。ペッペもその政府の方針に沿って、自分の広大な所有地(管理地)を調査していました。一八九八年(明治三十一年）、そのペッペがネパール国境に近いピプラーワーという場所で仏舎利を発見するのです。

ピプラーワーはお釈迦様が生まれたルンビニーという場所から西南方向に約三十キロメートル。ペッペは以前から気になっていた小高い丘を発掘します。不自然な形であったため、何かの遺跡であろうと考え、一八九七年春、発掘を開始します。

丘を掘り下げていくと、煉瓦《れんが》造りの墓のような遺構が現れました。表土を取り除くと、全貌は直径三十五メートル余の人工の塚であることが判明。塚の中心に向かって、多数の煉瓦が漆喰《しっくい》で幾重にも積み重ねられていました。

一八九八年一月、遺構の頂上から三メートルほど掘り下げたところで石造りの瓶を発見。瓶の中には珠玉、水晶、黄金の装飾品が納められていました。遺構の中には円形の空間が造られており、その中は土とアショカ王時代の特色を示す煉瓦で固められていました。アショカ王はお釈迦様没後二百年後にインドを統一。仏教を篤く敬った王です。そこからさらに五メートル掘り下げると、大きな石板が出現。石板は棺《ひつぎ》の蓋でした。

ペッペが発掘した遺構の頂上から地下八メートルのところで出土した石板。それは一枚岩をくりぬいて作った大石櫃《せきひつ》の蓋でした。大石櫃は縦百三十二センチ、横八十二センチ、高さ六十六センチ、蓋の重さは百八十五キロ、大石櫃全体では六百九十六キロという記録が残っています。大石櫃の中には水晶製の壺一個、滑石製の壺四個、数百点の金銀宝玉や装身具などが収められており、壺のひとつには人骨が確認され、その蓋には紀元前四世紀頃の古代文字で何か記されていました。

この発見は本国（英国）に報告され、欧米諸国の考古学者たちに伝わりました。まもなく、英国、フランス、オーストリアの考古学者が発見場所であるピプラーワーにやってきました。考古学者たちが人骨の入っていた壺の蓋の古代文字を解読したところ、次のような内容でした。

「これは仏陀世尊の舎利（骨）を納めるものであり、栄光ある釈迦族の人々のものである」。つまり、お釈迦様の骨であるという記述です。骨壺の大きさは直径十センチ、高さ十五センチでした。

この歴史的発見は西洋の歴史学界や宗教学界を驚かせました。西洋ではお釈迦様は架空の人物と思われていましたが、この仏舎利の発見が、お釈迦様は実在の人物であったと認識される契機となりました。

チュラロンコン国王

ペッペは発掘遺物の全てを英国政府に引き渡しました。英国政府は発掘遺物をロンドン大英博物館とカルカッタ博物館、及び発見者ペッペに分配するとともに、仏舎利は当時仏教を国教とする唯一の独立国であったタイの王室に寄贈することとしました。この英国政府の判断には、インドがヒンドゥー教中心の国であったことも影響しています。

二〇〇一年の国勢調査によれば、インドの宗教構成は、ヒンドゥー教八〇・五%、イスラム教一三・四%、キリスト教二・三%、シーク教一・九%、仏教〇・八%、ジャイナ教〇・四%。ピプラーワーで仏舎利が発見された頃もあまり変わりなかったようです。

発見の翌一八九九年（明治三十二年）一月、タイのチュラロンコン国王はインドへ使者を派遣。仏舎利を拝受しました。

同年二月、仏舎利は軍艦に護衛されてバンコクに到着。白い象に乗せられて街を練り歩き、王立プラケウ寺院に向かい、最高塔ワット・サケットに安置されました。標高八十メートルの黄金の丘の上にそびえるワット・サケットは、十四世紀アユタヤ朝の時代に建てられました。バンコクでは三十余日も続く大法要が営まれ、仏教を篤く信仰するタイ国民は祝賀ムードにわきかえったと記録されています。

チュラロンコン国王は別名ラーマ五世。一八六八年生まれですから、仏舎利を寄贈された当時は三十一歳。即位してすぐ欧米諸国を視察し、タイの近代化に努めた国王として知られており、今でも国民の人気が高いそうです。

チュラロンコン国王が行った近代化はチャクリー改革と呼ばれています。奴隷売買禁止、議会制・官僚制導入、学校教育開始、鉄道建設など、日本の明治維新と似ています。因みに、チャクリーは王朝の名前。つまり、チャクリー朝ラーマ五世がチュラロンコン国王の正式名です。

日本への分骨

チュラロンコン国王は拝受した仏舎利を大切に奉安しましたが、一方、諸外国からの分骨の願い出にも応じました。日本以外にも、ビルマ（ミャンマー）、セイロン（スリランカ）に分骨したとの記録があります。以下、日本への分骨の経緯です。

稲垣満次郎

仏舎利発見、タイへの奉安の動きを、現地で注視していたひとりの日本人がいました。初代駐タイ公使、稲垣満次郎です。

稲垣は肥前（長崎県）平戸藩士の家に生まれ、維新後に日本のアジア外交策を説く「東方策」という論文を発表して注目を集めていた外交官です。一八九七年（明治三十年）、日タイ修好条約締結に伴ってバンコクに日本公使館が設置され、稲垣が初代公使として着任しました。当時のアジアでは日本とタイは数少ない独立国。稲垣は両国の友好関係が深まれば、欧米列強のアジア進出の歯止めになると考えていたようです。

一九〇〇年（明治三十三年）一月二十七日、稲垣はタイ外相テーワウォン・ワロパカーン親王に日本への仏舎利分骨を願い出る書簡を送りました。テーワウォン親王はチュラロンコン国王の弟。条約締結交渉以来、稲垣とは親しい関係にあったそうです。

二月一日、早くも親王から稲垣に返書が届き、二つのことが書かれていました。ひとつは、チュラロンコン国王は分骨を認め、日本からの仏舎利奉迎使を受け入れること。もうひとつは、この分骨は日本仏教界全体に対するものであること。日本の仏教界が宗派の垣根を越えて協力することを条件としていました。

二月十四日、稲垣は日本の青木周蔵外相と各宗派管長宛に経緯を伝える書簡を送り、タイ国王から仏舎利を拝受する奉迎使節団の派遣を要請しました。稲垣はこの時、自分を公使に任命した大隈重信前外相にも書簡を送っていました。以後、大隈は稲垣の動きを側面支援し、日泰寺創建時には木材を寄付しています。

ところで、その当時の日本の仏教界はどんな様子だったのでしょうか。

一八六八年（明治元年）、神仏分離令が発布され、廃仏毀釈が始まりました。福沢諭吉は自著の中で「維新の初めに廃仏の議論を聞きて僧侶の狼狽甚《ろうばいはなは》だし」と記しています。

そうした動きに対して、各宗派は対策に乗り出しました。最も迅速だったのは東西本願寺です。金策に苦しむ明治政府に資金を融通して懐柔しました。また、各宗派は欧米諸国に使節団や留学生を派遣し、欧米宗教事情を参考にして日本仏教の改革と復興を企図。政府に数々の建白書や論文を提出しました。

こうした努力もあって、一八七五年（明治八年）には信教の自由を認める政府からの通達が発布されました。それ以降、各宗派は教育機関を整備し、宗論の研究や組織の近代化を図りました。一八九六年（明治二十九年）、東本願寺の真宗大学（現在の大谷大学）が開学しました。

ピプラーワーで仏舎利が発見され、日本への分骨が決まったのはまさにこの頃。当時の仏教界にとっては仏教復興に寄与する朗報でした。

石川舜台と岩本千綱

さて、駐タイ公使稲垣満次郎と青木周蔵外相から仏舎利奉迎使節団の派遣を要請された仏教界。いち早くこれに呼応したのは東本願寺（真宗大谷派）の当時の実力者、石川舜台《しゅんだい》参務でした。その背景にはふたつの理由があったようです。ひとつは、当時は日本仏教が廃仏棄釈の受難から復興し始めた時期。仏舎利奉迎を主導することで、大谷派が仏教復興の中心的役割を果たそうと考えていたようです。もうひとつは元陸軍の岩本千綱《ちづな》との関係。岩本は退役後にタイに渡り、タイの王室や要人から知遇を得た存在でした。

チュラロンコン国王の方針を知らされた東京滞在のリッティロン・ロナチュート駐日タイ公使

は、旧知の岩本に分骨・奉迎事業が円滑に進むよう、協力を要請しました。そこで岩本は、交流のあった石川舜台にその旨を伝えたそうです。

石川の努力もあって、日本への分骨決定から二カ月後の一九〇〇年（明治三十三年）四月、当時の主要十三宗五十六派の管長が協議し、仏舎利拝受を決定するとともに、帝国仏教会が組織されました。帝国仏教会は仏舎利仮奉安所と奉迎事務所を妙法院（京都）に設置。公家や貴族が歴代住持を務める別格寺院を門跡《もんぜき》と言いますが、妙法院は青蓮院、三千院とともに天台三門跡と称されてきた古刹《こさつ》です。

協議の結果、タイに派遣する仏舎利奉迎使節団は奉迎正副使四人、随行者十四人の合計十八人で結成されることとなりました。

正使は東本願寺の次期法主に内定していた大谷光演《こうえん》（句仏《くぶつ》上人）。この時、弱冠二十五歳。光演の教育係は名古屋生まれの明治の学僧、仏教改革者として著名な清沢満之。光演が奉迎する仏舎利が、後に名古屋に奉安されることになるのも奇縁です。

副使は曹洞宗の日置黙仙《ひおきもくせん》（後の永平寺貫首）、浄土真宗本願寺派の藤島了穏《りょうおん》、臨済宗の前田誠節《せいせつ》。

副使の日置は静岡県にある曹洞宗の名刹、可睡斎《かすいさい》の斎主。後年、日泰寺の住職となり、日泰寺造営には可睡斎の雲水たちが活躍しました。

随行者の筆頭、南条《なんじょう》文雄は日本の文学博士第一号。語学に堪能で、バンコクでの奉迎事業では大活躍したと伝わっています。

なお、奉迎使節団の正式名称は釈尊御遺形奉迎使節団。「遺形」は「いけい」または「ゆいぎょう」と読みます。仏舎利に敬意を表した表現です。

五月二十二日、奉迎使節団は京都を出発。翌二十三日、神戸港から博多丸で出航。翌二十四日に門司に入港し、二十六日朝、タイに向けて日本を離れました。使節団は、香港、サイゴンを経てシンガポールに上陸。六月八日、シンガポール号に乗り換えて出航。六月十一日、バンコクに到着しました。当時の新聞によると、バンコクでは花火が打ち上げられ、街中に日本とタイの国旗が掲揚され、歓迎の人々で溢れていたそうです。

ワット・サケットとワット・ポー

六月十二日と十三日、奉迎使節団は旅装を解き、バンコク市内を見学するとともに、チュラロンコン国王に拝謁する準備を進めました。記録には、タイ文科省の役人ルアングバイサルの案内でワット・ボヴォニベーという寺院を見学したと記されています。

使節団の興味を引いたのは、境内に設置されているパーリ語の語学学校。タイで僧になるにはパーリ語の学習が必須と聞かされ、仏典を原語で読むことを推奨するタイの仏教教育の熱心さに驚いたそうです。

インドで生まれた仏教。シルクロードを経由して中国に伝わった仏典はサンスクリット語、インド洋を経由して東南アジアに伝わった仏典はパーリ語で書かれていました。前者は北伝仏教、後者は南伝仏教です。

日本に伝わったのは北伝仏教。サンスクリット語からシルクロードの言葉に訳され、さらに漢字に訳されて日本に伝わりました。使節団はサンスクリット語で仏典を読むことの必要性を感じたそうです。

十四日、再び文科省の役人の案内で古刹ワット・スドゥースに続いて、高名なワット・サケットを訪問。ワット・サケットは建物だけでも六百三十棟を擁する大寺院。高さ三十メートル、周囲二百七十メートルで、プーカオ・トーン（黄金の丘）と呼ばれる高さ五十メートルの丘の上にあります。その最も高台にある仏塔（チェディ）に、前年、インド（英国政府）から寄贈された仏舎利が奉安されていました。

ワット・サケット見学中に、急遽、チュラロンコン国王からお召しがあり、稲垣満次郎駐タイ公使と大谷光演正使ほか一行は宮殿に参内。国王から仏舎利分骨の示達があり、翌日、贈与の式典が行われることとなりました。

十五日、奉迎使節団は三度《みたび》文科省の役人の案内で今度は大寺ワット・アルンを見学。そして夕刻、いよいよ式典のために宮殿内のワット・ポーに向かいました。ワット・ポーは「菩提《ぼだい》の寺」という意味。王室寺院であり、巨大な黄金の涅槃《ねはん》仏があることから「涅槃寺」とも呼ばれています。

ワット・ポーはバンコクで最大、最古の寺院。現在まで続くチャクリー王朝が一七八二年に始まって以来、ワット・ポーは王族の庇護の下で発展してきました。記録によれば、式典では王室勅使が式辞を読み、正使大谷光演師が答辞を朗読。読経、三帰依文《さんきえもん》の黙誦三拝の後、王室勅使が奉迎正使に仏舎利の入った小黄金塔を授与。

大谷正使は小黄金塔を日本から持参した宝珠形仏塔の中に納め、さらに金襴《きんらん》の嚢《ふくろ》に入れたうえで二重の桐箱に奉納。仏舎利授与の式典は無事に終了しました。

十六日は宮殿内、十七日は古都アユタヤを見学した使節団。帰国前日の十八日、チュラロンコン国王は奉迎使節団を王宮に招聘。奉迎使節団は帰国後に超宗派の仏舎利奉安寺院を建立することを約束しました。

満足した国王は、チェンマイの北にある古代タイ国の都で千年以上前に鋳造されたタイの国宝である大小二仏（結跏趺坐《けっかふざ》像）を下賜。大きな仏像は仏舎利奉安場所に安置することを希望し、小さな仏像は大谷光演正使に贈られました。また、サオパワー・ポンシー王妃の三蔵写経も寄贈されました。さらに、寺院建立に当たってはタイ国王及び王族から木材を寄贈することを約束されました。

十九日、チュラロンコン国王から仏舎利を拝受し、大谷光演正使率いる奉迎使節団は、ドイツ商船マーラット号で帰国の途につきます。

出航二日後の二十一日、難破が懸念されるほどの激しい嵐に遭遇。使節団一行は、かつて嵐の中を遣唐使として渡海した最澄や空海、五度の難破を乗り越えて来日した鑑真など、先人の苦難に自らを重ね合わせたと伝わります。

二十四日、シンガポールに入港し、数日間滞在。三十日、使節団はモルタ号に乗船して出航しました。

七月六日、香港に入港すると日本大菩提会（六月十一日に帝国仏教会から改組）から至急電。その後の上海寄港を止めるようにとの指示です。中国で列強諸国に反発する義和団の乱が拡大し、上海も危険であるとの情報でした。使節団は上海に向かうモルタ号を下船。七日、香港から長崎に向かうロヒラ号に乗り換えて出航。十日、長崎の外海に到達しました。

長崎皓台寺

十一日早朝、外海に停泊するロヒラ号に出迎えの小汽船が到着。使節団は小汽船に乗り換えて長崎の大波止《おおはと》港にご真骨とともに上陸。使命を果たしました。港では花火が打ち上げられ、大群衆が出迎え。地元の鎮西新聞は「仏骨物語」という連載記事を掲載。当時の関心の高さが伺えます。

上陸した使節団は曹洞宗の晧台寺《こうたいじ》に向かいました。長崎三大寺（晧台寺、本蓮寺、大音寺）のひとつです。晧台寺には九州各地から僧や信徒が集まっていました。十二日から十四日にかけて、各宗派によるご真骨の法要が営まれました。

晧台寺の住職は名古屋出身の金峰《きんぽう》玉仙《ぎょくせん》。歴代住職の中でも最も長く在職し「重興」と尊称されていました。ご真骨が初めて日本で仮安置された寺院の住職の出身地である名古屋に、最終的に奉安されることになるのも奇縁です。

十五日、ご真骨と使節団は長崎を発って列車で門司に向かいました。諫早、博多、小倉など、停車駅には近隣寺院の僧や信徒が集まり、大歓迎。夕刻、門司から馬関丸に乗船。十六日未明、徳山へ到着。徳山からは鉄道で神戸に向かいました。

五月二十三日に海路で神戸を発って約二ヶ月、七月十六日夕方、使節団は鉄路で神戸に戻ってきました。

妙法院

使節団は神戸で一泊し、翌十七日、列車で大阪入り。ご真骨を鳳輿《ほうよ》に乗せ、各宗派の僧や信徒、関係団体が行列を整えて梅田駅から御堂筋を南下して四天王寺に向かいました。行列には駐日タイ公使ピヤ・リチロング・オナチェットも加わり、沿道は歓迎の人で埋め尽くされました。

十八日、四天王寺で終日拝迎式が行われ、参拝者は数万人に及びました。

十九日、ご真骨を納めて赤地大和錦《やまとにしき》で覆った聖櫃《せいひつ》を奉じ、使節団は天王寺駅、梅田駅を経て、午前九時十七分に京都七条駅に到着。花火が打ち上げられ、各寺院の梵鐘《ぼんしょう》が鳴り響き、国旗や仏旗を振る群衆をかき分け、聖櫃は東本願寺に入り、阿弥陀堂を経て大師堂内陣に安置されました。

午後一時、仮奉安所に定められていた妙法院に向かう大行列が東本願寺を出発しました。前述のとおり、妙法院は公家や貴族が歴代住持を務める別格寺院「門跡」のひとつ。青蓮院、三千院とともに天台三門跡と称される名門寺院です。

東本願寺から妙法院に至る約三キロメートルの沿道には、露店が立ち並び、大群衆を規制する竹矢来《たけやらい》が設置され、三間（約五・五メートル）おきに巡査が立哨する物々しさ。夏も盛り、暑さ対策として行路頭上に白木綿の日よけが延々と張られていたそうです。

行列は、先払い、天童子を先頭に、各宗派の管長、僧侶団、タイ公使、奉迎使節団と続き、その後ろには信徒、門徒が連なりました。

京都市内各寺院が打ち鳴らす梵鐘と人々が唱える念仏、お題目などが響く中、午後二時五十五分に行列の先頭が妙法院に到着した時には、行列の末尾がまだ東本願寺を出発できないほどの長さだったそうです。

奉安地の決定

さて、ご真骨の奉安場所を巡って騒動が始まります。

タイに行った奉迎使節団は、ご真骨を贈与される際にチュラロンコン国王に大事な約束をしました。帰国後にご真骨奉安のための超宗派寺院を創建するということです。

満足した国王はご本尊としてタイの国宝である釈尊金銅仏を下賜《かし》。さらに、寺院創建に際して木材の寄進も申し出ました。超宗派寺院創建の約束を果たさないわけにはいきません。

日本大菩提会

使節団がタイに到着した一九〇〇年（明治三十三年）六月十一日、日本ではまさしくその日に帝国仏教会を改組して日本大菩提会を創設しました。

会則第二条は次のように記されていました。曰く「本会は釈尊の御遺形を奉持するため覚王殿を建築するを以って目的とす」。

お釈迦様は「覚りを得た王」という意味で別名「覚王」。したがって、新たに建設するご真骨奉安寺院は「覚王殿」と呼ばれました。

日本大菩提会は、覚王殿に関して敷地十万坪以上、経費一千万円以上という壮大な構想を打ち上げました。現在の東本願寺の敷地が二万二千五百坪です。十万坪の土地は容易には確保できません。

建設費の一千万円も莫大な金額です。現在の価値に評価し直すと、例えば、米の価格（当時約一円、現在約三千円）で比較すると約三千億円、入浴料やコーヒー（いずれも当時約二銭、現在約五百円）で比較すると約二千五百億円、会社員の初任給（当時約十円、現在二十万円）で比較すると約二千億円です。比較の基準にもよりますが、いずれにしても当時の一千万円は現在の約二〜三千億円に相当する金額です。

伊藤満作

使節団がタイを訪問している間に、帝国仏教会（日本大菩提会）は覚王殿の予定平面図の作成を依頼しました。依頼先は名古屋の設計士伊藤満作《まんさく》。真宗大谷派と関係が深く、尾張藩の工匠棟梁であった伊藤平左衛門の一族です。

ご真骨が長崎に到着した翌日の七月十二日、縮尺千五百分の一の平面図が完成しました。

名古屋が最終的に覚王殿の有力候補地になったことに、最初の設計に関わったのが名古屋の伊藤満作であったことも何か影響したのでしょうか。

外山義文

ご真骨が京都の妙法院に仮安置されてから一年が経過。タイのチュラロンコン国王に約束した覚王殿、すなわち超宗派寺院の建設地は一向に決まりません。

そんな中、駐タイ領事外山義文はチュラロンコン国王より再三再四、日本での検討状況を尋ねられました。進展が捗々《はかばか》しくないことから、木材や資金を早く寄進したいチュラロンコン国王はご立腹。また、国王が計画している仏教図書館に、日本の各宗派から寄贈することになっていた書籍の提供も進んでおらず、日本として非常に面目ない状況に陥っていました。

一九〇一年（明治三十四年）十一月二十六日、業を煮やした外山領事は、大日本菩提会の会長村田寂順《じゃくじゅん》師と副会長前田誠節師に書簡を送り、次のように申し伝えたそうです。曰く「国王との約束の重さを自覚し、日本仏教徒の恥とならぬよう、早急に対処されたい」。

折しも翌一九〇二年（明治三十五年）秋、タイのワチラーウット皇太子（のちのラーマ六世）が米国からの帰国の途上に日本を訪問することになっていました。仏教界は皇太子来日までに、建設地だけでも決定しておかなければならないという切迫した状況に追い込まれました。

お尻に火がついた仏教界。一九〇二年（明治三十五年）一月、各宗派管長による会議が開かれ、奉安地選定委員会を設置。候補地の調査、選定作業が本格化します。

吉田禄在

なかなか決まらない覚王殿の建設地。一九〇二年（明治三十五年）年初の時点では名古屋は全く想定外。東京、京都、遠州三方ヶ原、奈良が候補に挙がっていました。

仏舎利分骨を主導した大谷派の実力者石川舜台は、三菱ヶ原と呼ばれていた現在の東京駅周辺を想定し、その周りに各宗派の寺務所を配置する構想を抱いていたそうです。しかし、石川が宗派内の事情で東本願寺を離れたことから、その後は候補地として東京を積極的に推す動きはなくなりました。

こうした中、新たな候補地が浮上します。覚王殿建設地が決まらないとの報道がなされる中、名古屋米穀取引所理事長の吉田禄在《ろくざい》が中心になって誘致運動を開始。

三月、吉田は酒造業小栗富治郎、木材商の名古屋市会議長服部小十郎、名古屋通信社主長谷川百太郎などの有力者とともに御遺形奉安地選定期成同盟会を結成。

吉田は元尾張藩士。明治政府に登用され、愛知県第一区長（のちの名古屋市長）に任命されました。その後は衆議院議員となり、名古屋港築港、東海道線誘致、名古屋駅建設、広小路建設など、名古屋の近代化に貢献しました。吉田の墓所は覚王山日泰寺にあります。

吉田は、大日本菩提会の九人の建設地選定委員に対し、「建設費五十万円確保は容易、ご真骨の日本奉遷までに負った大日本菩提会の負債も支払う、寄付が集まらない場合は吉田、服部、野村朗などが私財を投じて負担する」と明言。太っ腹です。名古屋が一気に有力候補地に浮上しました。

加藤慶二

期成同盟会は、名古屋が東京と京都の中間に位置し、中京とも呼ばれ、古来仏教有縁《うえん》の地であり、各宗派の別院、関係寺院も揃い、寺院数三万五千、仏教信者二百万人、経済活動も盛んであることなどをアピールしました。今でも、愛知県は四十七都道府県の中で寺院数一位。断トツです。その時点での有力候補地は、田代村、千種村、御器所《ごきそ》村、広路村、小幡村、弥富村の六ヶ所。最有力は自然豊かな丘陵地の田代村。最有力であった理由はふたつ。そのひとつは寄進の規模です。

時の田代村村長は加藤慶二。自らの私財を投じ、有志の寄進も募り、十万坪以上の土地、二百万円超の寄付金確保に向けて奔走していました。

もうひとつは仏教有縁の地であったこと。田代村は、東西に走る法六字街道、南北に走る四観音道という二つの参詣道の交差地です。とくに四観音道は尾張四観音と関係する重要な参詣道でした。尾張四観音は、笠寺観音（南区）、荒子観音（中川区）、竜泉寺観音（守山区）、甚目寺観音（海部郡）。徳川家康が名古屋城築城の際、城の鬼門の方角に位置する四観音を名古屋城鎮護の観音と定めたことが始まりです。

また、建設予定地からはお釈迦様の寝姿に似ている鈴鹿連峰釈迦ヶ岳も望めることから、ご真骨奉安には最適との評判でした。

期成同盟会の動きに愛知県知事沖守固《おきもりかた》と名古屋市長青山朗《あきら》も呼応。大日本菩提会に覚王殿誘致の要請書簡を送付。駐タイ公使稲垣満次郎、領事外山義文も名古屋を後押しする展開になりました。

沖守固は元鳥取藩士。明治維新後、岩倉使節団に随行。自費で英国にとどまり、留学生活を送り、帰国後は内務官僚や県知事として活躍しました。

青山朗は元尾張藩士。明治維新後は軍人になり、退役後に武揚学校（現在の明和高校）校長を務めていましたが、推されて市長に就任しました。

ふたりとも、奇しくも一九一二年（大正元年）に逝去。覚王殿建設、日泰寺創建を見届けてのことでした。

建仁寺

一九〇二年（明治三十五年）七月二十八日、各宗派管長会議が京都で開催されました。議論の結果、最終候補地は京都と名古屋の二ヶ所に絞られました。

名古屋が残った理由は、もちろん十万余坪の広大な用地と潤沢な資金が確保される見通しだったことです。京都派も平安同志会を結成。神楽岡（左京区）、松ヶ崎（同）、日岡（山科区）が候補地。しかし、いずれも名古屋に比べて狭いのが難点でした。

その後は京都派、名古屋派が一進一退の誘致合戦。怪文書や醜聞が乱れ飛び、なかなか決め手がありません。

九月十六日、痺れを切らした外務省政務局長山座円次郎は各宗派管長に決定督促の書簡を送りました。そして、覚王殿建設地の最終決定会議が十月十二日に建仁寺《けんにんじ》で開催されることとなりました。建仁寺は京都市東山区にある臨済宗建仁寺派大本山です。

京都派も名古屋派も苛烈な誘致運動を展開。今風に言えばロビー活動。要するに多数派工作です。

いよいよ十月十二日、名古屋派は早々と建仁寺に到着。京都派も建仁寺内久院に集まって情報収集と作戦会議。会場周辺は、仏教には相応しくない言葉ですが、殺気立っていたと伝わっています。

会場は緊迫していました。決定権者は八十四名。三十三宗派代表と、寺院数に応じて各宗派から選出された五十一名。午前の会議では名古屋派優勢。情勢を憂慮した京都派は、記名投票で最終決定を行うことを提案。名古屋派は記名投票では先々に禍根、遺恨を残すことを危惧し、無記名投票を主張。結局、記名投票の提案は否決。記名投票が受け入れられないことを理由に八宗派が退席しました。

日蓮宗の津田日厚《つだにちこう》が、混乱回避を企図して議事日程変更の緊急動議を提出するも否決。選定を大宗派に委ねるべきとの提案なども出ましたが、これも否決。こうした状況を受け、さらに六宗派が退席。大谷派を除く浄土真宗諸派も退席。会場は騒然とします。

京都派、名古屋派のどちらにも組せず、そもそも出席を辞退した中立派も五宗派あり、結局最後まで会議に出席したのは十四宗派、三十八名。その後、残った委員で無記名投票による採決が行われ、三十七対一の圧倒的多数で建設地が名古屋に決定しました。

有権者は八十四名でしたが、最初から出席辞退の中立派を除くと六十二名。もともと、名古屋支持三十七名に対し、京都支持二十五名。名古屋派が有利な状況だったようです。一部の宗派から投票無効の訴えがありましたが、結果が覆ることはありませんでした。

嘘のような話ですが、史実です。こうして覚王殿は名古屋に建設されることになりました。

覚王山八十八ヶ所の誕生

　十月二十二日、名古屋では御遺形奉安地選定期成同盟会を解散し、日本大菩提会愛知協賛会に改組。会長に尾張徳川家当主徳川義礼《よしあきら》や愛知県知事深野一三が推されましたがいずれも辞退。会長不在のまま、吉田禄在、小栗富治郎、服部小十郎の副会長三名体制で発足しました。

　十一月五日、各宗派管長会議が開催され、十五日に仏舎利を京都から名古屋に奉遷し、大日本菩提会も移転させることが決定しました。

　会長には仏舎利奉迎使節団の正使を務めた東本願寺の大谷光演（句仏上人）、副会長にやはり使節団の副使を務めた曹洞宗の日置黙仙（後の永平寺貫首）が就任しました。

　名古屋での仮奉安所は門前町（大須《おおす》）の万松寺《ばんしょうじ》と決定しました。万松寺は織田信長が父信秀の葬儀の際、位牌《いはい》に抹香《まっこう》を投げつけた史実で有名な古刹。徳川家康も人質として三年間を過ごしたそうです。

　当日は名古屋から数百名の僧が京都に出向き、ご真骨を奉迎。特別列車で京都を出発し、名古屋に午前十一時に到着。市内の家々が仏旗と大菩提の文字を記した軒燈を掲げ、万松寺までの奉迎行列は長さ数キロメートルに及びました。その荘厳さは、大阪、京都での奉迎行列を上回り、未曾有の大盛況。沿道は数十万人で埋まり、当時の新聞は皇太子のご成婚記念行列に匹敵すると報じました。

　多くの宗派の管長や僧に加え、タイ国を代表して駐日公使ラーチャー・ヌプラバーンも行列に参加しました。

覚王山日暹寺

　ご真骨が万松寺に仮奉安された後、いよいよ覚王殿建設が本格化するはずでした。ところが、関係者の目論見ははずれ、建設資金の寄付がなかなか集まりません。

　いとう呉服店（のちの松坂屋）伊藤次郎左衛門、味噌・醤油で成功した奥田正香（のちの名古屋市長）、材木商で衆議院議員、貴族院議員も務めた鈴木摠兵衛などの有力者も乗り気ではありません。寄付が集まらない時には私財を投じると言っていた吉田禄在、小栗富治郎、服部小十郎、野村朗も約束を果たしません。

　建設候補地としては、田代村、千種村、御器所村、広路村、小幡村、弥富村などが挙がっていました。しかし、候補地同士も対立。おまけに、日露戦争直前のこの時期の世相は戦時ムード。ご真骨に対する関心は薄れつつありました。

　この状況に業を煮やした駐タイ公使稲垣満次郎は、帰国して自ら調整に乗り出しました。稲垣は、日タイ両国友好のために覚王山日暹寺《にっせんじ》という新しい寺を田代村に創建し、その一角に奉安塔を設置するという現実的な構想を提案しました。当時のタイの国名はシャム（暹羅）であったため、当初の寺号は日泰寺ではなく日暹寺です。

稲垣に呼応し、日置黙仙が各宗派を説得。一九〇三年（明治三十六年）十月五日、日置の説得に応じた二十三宗派管長が日暹寺創建請願書を内務省に提出しました。

十月十二日、内務省から「無宗派各宗総本山」として「覚王山日暹寺」設立の認可が出ました。

初代住職に決まった天台座主吉田源応の意向により、正式な本堂、奉安塔建設は後にして、まずは最低限の仮本堂と庫裡で創建。そこにご真骨を仮奉安することとなり、建設費二万円は田代村村長の加藤慶二などの有力者たちが寄進。建設に際し、日置が斎主を務める可睡斎の雲水たちも応援に来

お釈迦様のご真骨をまつった奉安塔

名。可睡斎は静岡県袋井市にある曹洞宗の名刹です。雲水や村人の努力によって、一九〇四年（明治三十七年）十一月、仮本旗仏堂、玄関書院が落成しました。

十一月十五日、ご真骨は万松寺から田代村へ奉遷され、タイ国王から贈られた釈尊金銅仏とともに日暹寺に安置。ご真骨が日本に来て四年、名古屋に来て二年。ようやく最終奉安場所に落ち着きました。

しかし、その後も寄付は集まらず、堂宇などの建設はゆっくり進みました。奉安塔は一九一四年（大正三年）十一月十五日に地鎮祭《じちんさい》、翌年起工して一九一八年（大正七年）六月に完成。落慶《らっけい》法要の後、六月十五日にご真骨が奉安塔に納められました。

一八九八年、ピプラーワーでご真骨が発見されて二十年、一九〇〇年に日本に迎えて十八年、一九〇二年に名古屋に迎えて十六年、一九〇四年に田代村に迎えて十四年の歳月が過ぎていました。

写し霊場開創の勧進帳

以上のとおり、一九〇四年（明治三十七年）に覚王山日暹寺が開創され、一九一八年（大正七年）に仏舎利奉安塔が完成しました。

日暹寺が建立された当時は、広小路から境内に向かう参道は山野の中。その後、少しずつ周辺が拓かれ、畑ができて家も建ち、道も参道らしくなっていきました。しかし、参拝者はなかなか増えません。日暹寺開創に関わった人々は、参拝者を増やすために仏舎利のほかにも何か評判になるものが作れないかと考えたようです。

その当時は廃仏毀釈から仏教界が立ち直り、本四国の写し霊場の復興や新たな開創がブームになっていた時期です。この経緯は第五章でご説明します。

そこで浮上した案が本四国写し霊場の開創です。山下圓救師、伊藤萬蔵、花木助次郎、奥村新兵衛による霊場開創の勧進帳から始まり、本四国の八十八ヶ所のお砂を奉祀することでお大師様有縁の地となり、一九〇九年（明治四十二年）、日暹寺周辺に覚王山八十八ヶ所が誕生しました。

東山名勝という当時の書物の中に「四国八十八ヶ所は当山境内に於ける呼物とも謂うべき」との記述があることから、覚王山八十八ヶ所は日暹寺参拝者を増やすために、言わば地域振興や観光のために計画的に設置されたことが想像できます。

覚王山八十八ヶ所が誕生すると、やがてお大師様の月命日に「弘法さん」の縁日が立つようになりました。

日暹寺誕生を機に、田代村の地名もやがて山号の覚王山と呼ばれるようになりました。「覚王」は「覚りを得た王」、つまりお釈迦様のことを意味します。

写し霊場が完成し、日暹寺周辺の自然豊かな丘陵地がほどよく拓けてくると、覚王山周辺は別荘地となっていきました。最も有名なのは松坂屋（いとう呉服店）創業家の伊藤次郎左衛門祐民《すけたみ》が建てた別荘、揚輝荘です。

一九三二年（昭和七年）、シャム（暹羅）の国名がタイに変わり、日本語漢字表記も「暹」から「泰」に変更。一九四一年（昭和十六年）、日暹寺の寺号も日泰寺に改称されました。

覚王山八十八ヶ所の札所は小さなお堂ですが、その寺号は一番霊山寺から八十八番大窪寺まで本四国とまったく同じことから、計画的に本四国を模してつくられたことが伺えます。

現在の覚王山八十八ヶ所は五十頁の地図のように、七つの地区に分かれています。姫ヶ池通りを渡って、地図のC地区からD地区に向かう途中に勧進帳の中心であった山下圓救師の墓があります。

札所はもともと番号順に並んでいたそうですが、日暹寺（日泰寺）の本堂、霊堂、納骨堂などの新増築、周辺道路の拡幅工事等のために、全体の四割程度が当初の場所から移動しました。その結果、現在の場所に落ち着いたのは昭和の終わり頃（一九八〇年代）です。

五十頁の地図は、覚王山八十八ヶ所を見守ってきた参道入口の老舗果物店、弘法屋の先代ご主人故片岡正明さん、その奥様で大先達だった故片岡伯子さん、筆者の同級生で現在のご主人片岡高文さん、その奥様の片岡三佳さんが作成したものをベースにしています。感謝合掌。

因みに、筆者が子どもの頃（昭和三十～四十年代）は、大きな石灯籠と松の木が交互に並ぶ立派な参道になっていました。札所のお守りをしてくださる人たちも高齢化しています。覚王山八十八ヶ所の存続継承が課題です。

日暹寺から日泰寺へ

以上のような経過を辿って誕生した日泰寺、覚王山八十八ヶ所霊場の史実を整理します。

一八九八年（明治三十一年）	ピプラーワーで英国人ペッペがご真骨発見。
一八九九年（明治三十二年）	英国政府がご真骨をタイ国王に贈与。バンコクへ。
一九〇〇年（明治三十三年）	タイ国王から日本に分骨。京都へ。
一九〇二年（明治三十五年）	覚王殿建設地が名古屋に決定。ご真骨は名古屋大須へ。
一九〇四年（明治三十七年）	田代村に日暹寺創建。ご真骨は覚王山へ。
一九〇九年（明治四十二年）	山下圓救師、伊藤萬蔵、花木助次郎、奥村新兵衛などの勧進により本四国写し霊場（覚王山八十八ヶ所）が日暹寺周辺に誕生。

一九一八年（大正七年）
ご真骨を祀る高さ十五メートルの奉安塔完成。伊東忠太東大教授の設計でガンダーラ様式の花崗岩の仏塔。二階部分にご真骨が安置されています。奉安塔前には礼拝殿。その木材はご真骨奉遷の功労者稲垣満次郎をタイ公使に任命した際の外相、大隈重信公が寄進したものです。

一九二〇年（大正九年）
新栄にあった日清戦争記念碑を奉安塔西北に移築。

一九二四年（大正十三年）
重さ七十五トンの大梵鐘完成。しかし、鐘楼に吊るされることはなく、一九四二年（昭和十七年）軍需資材として供出。同年十月二十一日、「撞き初めと聞き納め」が行われました。

一九二七年（昭和二年）
プラチャーティポック国王（ラーマ七世）が新たな金銅仏を下賜。かつてチュラロンコン国王より下賜されたご本尊と同じ結跏趺坐像です。同年、総桧造りの鳳凰台（大書院）完成。

一九三二年（昭和七年）
シャム（暹羅）の国名がタイに変わり、日本語漢字表記も「暹」から「泰」に変更。

一九四一年（昭和十六年）
日暹寺も日泰寺に改称されました。

一九五九年（昭和三十四年）
四月五日、釈尊生誕二千五百年大法要が営まれました。

一九八四年（昭和五十九年）
念願の本堂完成。日本初の屋内型墓地の霊堂も完成。四階建て、約四千六百基の墓石を納めています。

一九八五年（昭和六十年）
梵鐘と鐘楼完成。

一九八六年（昭和六十一年）
山門完成。

一九八七年（昭和六十二年）
日タイ修好百周年記念としてチュラロンコン国王像建立。像の前に、タイ国皇太子がタイの花、海江豆をお手植え。毎年五月頃に真紅の花を咲かせます。

一九八九年（平成元年）
山門両脇の二尊像が完成。高さ四・五メートルの楠一木造りです。いずれもお釈迦様の十大弟子。最長老でお釈迦様入滅後の教団を率いた迦葉尊者（頭陀第一）と、お釈迦様の従兄弟で教えを一番たくさん聞いた阿難尊者（多聞第一）です。

一九九七年（平成九年）
高さ三十メートルの五重塔完成。

一九九八年（平成十年）
香積台完成。

日泰寺にはタイ王室の方々が度々来訪しています。一九三一年にはラーマ七世、一九六三年にはプミポン国王（ラーマ九世）、日タイ修好百周年の一九八七年にはワチラロンコーン皇太子、日泰寺創建百周年の二〇〇四年にも多くのタイ賓客が来訪しました。

最近ではタイの観光客もバスに乗って参拝に来るようになりました。名古屋が誇る名刹として、その歴史を語り継いでいくことが大切です。

本堂須弥壇《しゅみだん》の両側にはお釈迦様の大壁画。出家遊行《ゆぎょう》に出る場面の「城を出る」と、前正覚山《ぜんしょうがくさん》での修行後に下山した際に村の娘から供養《くよう》を受けた場面の「乳粥《ちちがゆ》の供養」。高山辰雄画伯の作品です。

第三章

知多四国

65	66	67	68	69	70	71	72	73	75	74	76	77	78	79	開	80	81	82	83	84	85	86	88	87
相持院	中之坊寺	三光院	寶藏寺	慈光寺	地蔵寺	大智院	慈雲寺	正法院	誕生堂	密厳寺	如意寺	浄蓮寺	福生寺	妙楽寺	妙楽寺(79)	栖光院	龍蔵寺	観福寺	弥勒寺	玄猷寺	清水寺	観音寺	円通寺	長寿寺

開…開山所　外…番外札所

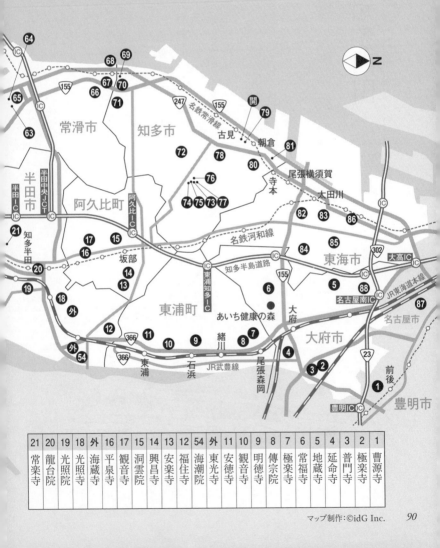

21	20	19	18	外	16	17	15	14	13	12	54	外	11	10	9	8	7	6	5	4	3	2	1
常楽寺	龍台院	光照院	光照寺	海蔵寺	平泉寺	観音寺	洞雲院	興昌寺	安楽寺	福住寺	海潮院	東光寺	安徳寺	観音寺	明徳寺	傳宗院	極楽寺	常福寺	地蔵寺	延命寺	普門寺	極楽寺	曹源寺

マップ制作：©idG Inc.

41	42	43	外	44	45	46	47	48	49	56	52	53	50	51	55	57	外	58	59	60	61	62	63	64
西方寺	天龍寺	岩屋寺	奥之院(43)	大宝寺	泉蔵院	如意輪寺	持宝院	良参寺	吉祥寺	瑞境寺	密蔵院	安養院	大御堂寺	野間大坊	法山寺	報恩寺	曹源寺	来応寺	玉泉寺	安楽寺	高讃寺	洞雲寺	大善院	宝全寺

知多四国霊場

40	外	39	外	38	37	36	35	34	33	32	31	30	29	28	開	27	26	外	開	25	24	23	22
影向寺	浄土寺	医徳院	西方寺	正法禅寺	大光院	遍照寺	成願寺	性慶院	北室院	宝乗院	利生院	医王寺	正法寺	永寿寺	禅林堂(27)	誓海寺	弥勒寺	影現寺	葦航寺	円観寺	徳正寺	蓮花院	大日寺

全国にある写し霊場

本四国の写し霊場は全国にあります。三大写し霊場、三大新四国と言えば、小豆島《しょうどしま》（香川）、篠栗《ささぐり》（福岡）、知多《ちた》（愛知）の三つです。

小豆島は「地四国」「島四国」とも言われます。お大師様は故郷の讃岐（香川）と京の都を行き来する際に、しばしば小豆島に逗留したそうです。一六八六年、島の僧たちが島内のお大師様の修行場を中心に「島四国」を開創しました。

瀬戸内海の島々には多くの「島四国」があります。淡路島、粟島、因島、弓削《ゆげ》島、大島などにも「島四国」がありますが、小豆島が最も良く知られているため、「島四国」と言えば小豆島の代名詞になっています。

篠栗にもお大師様が訪れたことがあると伝わります。篠栗は天保年間（十九世紀半ば）に四国巡礼を終えた慈忍《じにん》という尼僧がこの地に写し霊場をつくることを発願し、村人とともに一八五四年に開創しました。

さて、愛知県の知多半島に展開する知多四国。愛知だけではなく、県外からもお遍路さんがやってきます。

知多半島は、西は伊勢湾、東は知多湾と三河湾、南は伊良湖《いらご》水道を経て太平洋に通じる位置にあります。細長い半島で、海岸段丘が多いために海沿いの平地は狭く、緩やかな丘陵が続く温暖な気候です。知多は風景も気候も、瀬戸内海、四国に似ています。

日本全国にお大師様の足跡を偲ぶ霊場があります。八十八ヶ所と名のつくものだけでも、小豆島、篠栗のほかにも、伊豆、御府内《ごふない》、佐渡、美作《みまさか》など、五十霊場近くあるようです。

全国を巡錫《じゅんしゃく》したお大師様。実際に足跡を残している霊場もあれば、お大師様を偲んで生まれた霊場もあります。知多四国と第四章でご紹介する三河新四国は、いずれもお大師様巡錫の史実が語り継がれる写し霊場です。

開創は亮山阿闍梨

言い伝えによれば、お大師様は八一四年（弘仁五年）、諸国行脚、東国巡錫の途上、西三河あるいは渥美《あつみ》半島から海路、知多半島に渡ったものと思われます。

知多半島東側の南端近く、東に佐久《さく》島、南に日間賀《ひまか》島、篠島を擁する大井聖崎《ひじりさき》（南知多町）に上陸しました。その後、同地の医王寺、岩屋寺に逗留された後、半島先端をぐるっと回って西側へ向かい、野間を経て北上。やがて、尾張から伊勢に向かわれたそうです。

その足跡を偲んで開創されたのが知多四国です。全行程一九四キロメートル。徒歩でも一週間程度あれば結願できる霊場です。

第二章でご紹介した覚王山八十八ヶ所の札所の寺号は四国霊場と同じですが、知多四国の寺号は異なります。今から約二百年前、既にあるお寺の中から霊場を定めたため、寺号は四国霊場と異なることとなりました。

知多四国は知多半島を中心に七市五町にわたっています。札所数の多い順に並べると、南知多町（十九ヶ所）、知多市（十三ヶ所）、美浜町（十二ヶ所）、常滑市（十一ヶ所）、五番目はそれぞれ六ヶ所の大府《おおぶ》市と半田市、七番目はやはりそれぞれ五ヶ所の阿久比《あぐい》町、東浦町、東海市、十番目は武豊《たけとよ》町の四ヶ所、そして豊明《とよあけ》市と名古屋市にそれぞれ一ヶ所で八十八ヶ所です。島嶼《とうしょ》部も含んでおり、日間賀島には三十七番、篠島には三十八番と三十九番、三つの札所があります。篠島には番外札所もひとつあります。

八十八ヶ所のほかに、開山所として三ヶ所、番外霊場として七ヶ所が定められています。因みに一番は豊明の清涼山曹源寺、八十八番は大府の瑞木山円通寺です。

亮山阿闍梨《りょうざんあじゃり》は、江戸時代後期の一七七二年、尾張藩士、石田徳右衛門の次男として、犬山辺りで生まれました。子どもの頃に出家し、法性寺（あま市）に入ります。一八〇六年、三十四歳の時に妙楽寺（知多市）に転住。これを機に、亮玄《りょうげん》と名乗ります。

知多に移り住んで三年あまり、一八〇九年の三月十七日、夢にお大師様が現れ、「知多はわが宿縁の地である。この地に八十八ヶ所霊場を開き、有縁《うえん》の衆生《しゅじょう》（人々）を済度《さいど》せよ。やがて二人の行者を遣わすので、協力して大業を成し遂げよ」との夢告を受けました。目が覚めた亮玄の枕元には、本四国の八十八ヶ所霊場のお砂が置かれていたと伝えられています。

岡戸半蔵と武田安兵衛

夢告を受けて霊場開創を決意した亮玄は、翌日、本四国に旅立ちます。同年に続き、一八一二年、一八一八年と相次いで本四国を巡拝し、亮玄は三度のお遍路を重ねますが、お大師様が夢告した二人の行者は現れませんでした。

ところが、三度目の四国遍路を終えた翌一八一九年、阿久比出身の岡戸半蔵《おかどはんぞう》と出会います。半蔵は一七五二年、福住（知多市）の農家に生まれました。亮玄の二十歳年上です。早くに妻子を失った半蔵は、菩提供養の日々を送り、一八一六年には禅林堂（美浜町）に供養塔を建立しました。

それから三年経った一八一九年、半蔵は妙楽寺（知多市）で亮玄と出会います。亮玄の大願に感銘した半蔵は、私財を投じて八十八ヶ所霊場の開創に尽力し始めました。一人目の行者です。時に、亮玄四十七歳、半蔵六十七歳の時です。

もうひとりの行者は武田安兵衛《たけだやすべえ》と言います。亮玄は四国遍路の途上、高松城下で武田安兵衛と知り合いました。

安兵衛は一七八八年、讃岐生まれ。亮玄より十六歳年下になります。亮玄と半蔵が大願成就に向けて動き出した一八一九年、安兵衛は諸国遍歴の旅に出ました。翌年、知多を訪れて亮玄と再会。安兵衛はその後も諸国遍歴を続け、一八二三年、再度知多を訪れます。

そこで亮玄とともに半蔵に会った安兵衛は写し霊場開創の大願に感銘し、協力を約束。二人目の行者となりました。ここに半蔵、安兵衛の二人の行者が揃い、お大師様の夢告どおりとなりました。時に、亮玄五十一歳、半蔵七十一歳、安兵衛三十五歳のことです。

亮玄は決意も新たに亮山と名を改め、翌一八二四年、知多四国の八十八ヶ所霊場を定め終わり、札所へお大師様ご尊像を奉安。開眼供養を行いました。発願して十五年目のことでした。それを見届けるように、同年、半蔵は禅林堂で、翌一八二五年、安兵衛は十王堂（美浜町）で没します。半蔵七十二歳、安兵衛三十六歳でした。

やがて亮山は福生寺《ふくしょう》（知多市）に隠棲し、一八四七年、七十五歳で入寂。亮山は妙楽寺、半蔵は禅林堂、安兵衛は葦航寺《いこう》（美浜町）に眠っています。

古道の要衝、豊明から大府へ

さて、知多四国の紙上遍路に出発です。知多四国は豊明市から始まります。豊明には鎌倉と京の都を結ぶ古代東海道が通っており、鎌倉街道の沓掛《くつかけ》宿もありました。隣接する大府市は、古来より知多、西三河、尾張を結ぶ交通の要衝。かつては衣浦湾に面していましたが、江戸時代の干拓によって今は内陸になっています。

戦人塚——一番　曹源寺《そうげんじ》（豊明市）

知多半島の付け根、豊明が知多四国お遍路の旅の出発点です。一番は清涼山曹源寺。曹洞宗のお寺です。古くて立派な山門の両脇には独特の風情の石仏がたたずみます。

織田信長が今川義元を破った桶狭間から遠くない場所にある曹源寺。二世住職、快翁龍喜《かいおうりゅうき》が戦死者を弔う「戦人塚」をつくって以来、今でも供養が続けられているそうです。

毎月二十九日が縁日。十一月二十九日に振る舞われる大根炊きは、下の世話をかけないご利益《りやく》があるそうです。

ご本尊　釈迦如来

ご詠歌　知多四国　第一番に　おはします　曹源寺なる　釈迦の尊さ

千体弘法―二番　極楽寺《ごくらくじ》（大府市）

一番から約三・五キロメートル、二番は法蔵山極楽寺。浄土宗のお寺です。国道二十三号線とJR武豊線を越えた先の集落の中に静かにたたずむ極楽寺。

小さな千体弘法が両側にずらりと並ぶ大師堂を参ると、一番奥に鎮座するお大師様と目が合うような気がして身が引き締まります。

ご本尊　無量寿仏

ご詠歌　嬉しくも　此処《ここ》に北尾の　極楽寺　慈悲《じひ》円満の　弥陀《みだ》の力に

浄め石―三番　普門寺《ふもんじ》（大府市）

二番を出て南に下り、旧街道に出た角にあるのが三番、海雲山普門寺。二番から約四百メートル、曹洞宗のお寺です。創建は六七二年と伝えられる古刹です。ご本尊の十一面観世音菩薩は十七年に一度しかご開帳されない秘仏だそうです。

石柱に埋め込まれた輪状の浄《きよ》め石があり、この浄め石を回して願をかけるとかなうと言われています。

ご本尊　十一面観世音菩薩

ご詠歌　ありがたや　寺の名さへも　普門品《ふもんぼん》　唱えて暮らせ　朝な夕なに

刺繍普賢菩薩――四番　延命寺《えんめいじ》（大府市）

三番から約一・八キロメートル、四番は寶龍《ほうりゅう》山延命寺。天台宗のお寺です。

荘厳な楼門の前には趣のある小さな白梅。楼門をくぐって境内に入ると、今度は見事な紅梅の木が二本。参詣した日には、一本が満開でした。

かつては七堂伽藍を備えていたそうですが、戦乱で焼失。比叡山学頭の慶済《けいさい》法印が再興した後は、近隣諸藩から寺領の寄進を受け、寺の基盤が整えられました。

後奈良天皇から下賜された勅額や刺繍《ししゅう》普賢菩薩、仏眼仏母曼荼羅など、多くの仏画、仏具、経典などが継承されているそうです。

ご本尊　延命地蔵菩薩

ご詠歌　心して　詣《まい》れ其《そ》の名も　延命寺　地蔵の利益《りやく》　疑ひもなし

どぶろく祭り――五番　地蔵寺《じぞうじ》（大府市）

四番札所から西に向かって約三・五キロメートル、延命山地蔵寺。曹洞宗のお寺です。地理的

な位置関係から、五番は八十番台と一緒に打つ人が多いようですが、今回は四番に続いて参拝。隣接する長草天神社で毎年二月に行われる「どぶろく祭り」。酒元組と呼ばれる当番が醸造したどぶろくが振る舞われます。

ご本尊　延命地蔵大菩薩

ご詠歌　六道の　能化《のうけ》を誓う　御仏《みほとけ》の　利益《りやく》長草　この地蔵寺

平景清―六番　常福寺《じょうふくじ》（大府市）

国道一五五号線を南に折れ、「あいち健康の森」の西側にあるのが六番、萬年山常福寺。五番から約四キロメートル、曹洞宗のお寺です。

壇ノ浦の戦いで敗れた平景清《かげきよ》がこの地に逃れ、草庵を結んだのが縁起と言われています。景清が読経満願の夜に千手観世音菩薩を感得。自ら木像を彫りました。

村人たちがこの地で没した景清の冥福を常に祈るという意味で寺号を常福寺としました。所在地の地名「半月」は、景清が千手観世音菩薩を半月で彫ったことに因んでいるそうです。

ご本尊　千手観世音菩薩

ご詠歌　半月《はんつき》の　法《のり》の光の　輝きて　迷ひの雲も　晴れて跡なし

衣浦湾に面する東浦

知多湾最深部の衣浦《きぬうら》湾に面する東浦は海の幸に恵まれた地域で、古くから人が住み、縄文時代の貝塚なども見つかります。戦国時代には徳川家康の生母、於大《おだい》の方《かた》の実家である水野氏の居城がありました。

抱き地蔵―七番　極楽寺《ごくらくじ》（東浦町）

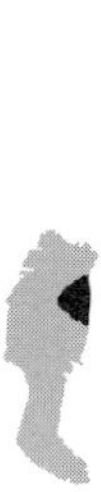

大府市から東浦町に向かいますが、結願の八十八番でまた大府市に戻ってきます。六番から約三・六キロメートル、七番は彼岸山極楽寺。国道三六六号線の西側の集落の中にある曹洞宗のお寺です。

「村木砦の戦い」で織田信長が本陣を構えたと言われています。境内東側には樹齢九〇〇年の大楠。東浦の天然記念物です。

大師堂の前にはお遍路さんに人気の「抱き地蔵」。抱き上げると願いが叶《かな》うそうです。

ご本尊　阿弥陀如来

ご詠歌　極楽は　いづこと人の　尋ねなば　この森岡にも　ありと教えよ

妙法さま―八番　傳宗院《でんそういん》（東浦町）

七番から集落の中を南へ約一キロメートル進むと、八番上世山傳宗院。曹洞宗のお寺です。JR武豊線、緒川駅の近くですが、緒川は徳川家康の生母・於大《おだい》の方の生誕地。大師堂の脇に祀られている妙法さまは安産や婦人病にご利益があると信じられており、多くの参拝者が訪れます。

ご本尊　延命地蔵菩薩

ご詠歌　棹《さお》さして　渡る緒川の　傳宗院　迷う我身を　乗せて賜《たま》へや

歓喜天―九番　明徳寺《みょうとくじ》（東浦町）

八番から南に向かって約二・五キロメートル、九番は浄土山明徳寺。浄土宗のお寺で、ご本尊の阿弥陀如来は恵心僧都《えしんそうず》作と言われています。

境内には、樹齢三五〇年の五葉松、同四五〇年の蘇鉄など、緑が豊かです。秘仏・歓喜天は夫婦和合、金運のご利益があると言われ、毎年五月五日の御開帳には多くの参拝者があるそうです。

ご本尊　阿弥陀如来

ご詠歌　石浜に　光れる月の　明徳寺　気高《けだか》く仰ぐ　南無阿弥陀仏

賓頭盧さま──十番　観音寺《かんのんじ》（東浦町）

ＪＲ武豊線石浜駅からさらに南下、国道三六六号線西側の集落を分け入り、九番から約一・六キロメートル。十番は福聚山観音寺。曹洞宗のお寺です。思わず通り過ぎそうな路地の角にひっそりと佇《たたず》む観音寺。集落に溶け込んでいる感じです。

堂内に鎮座する賓頭盧《びんずる》さま。自分の痛む箇所と同じところをさすると治ると言われています。

ご本尊　聖観世音菩薩

ご詠歌　慈悲の目に　衆生《しゅじょう》見給《たま》ふ　観世音《かんぜおん》　詣る人びと　生路《いくじ》迷わず

寺子屋発祥地──十一番　安徳寺《あんとくじ》（東浦町）

国道三六六号線沿いに南下、ＪＲ武豊線東浦駅近くから西側の集落の中に入って進むと、十一番、光明山安徳寺。十番から約二キロメートル。曹洞宗のお寺です。開創当初は衣浦湾近くにあったそうですが、水害や大火に見舞われ、現在地に移りました。恵心僧都《えしんそうず》作の薬師如来像は東浦町の指定文化財。

安徳寺は知多地方における寺子屋発祥地。そのためか、明治五年の学制開始とともに周辺三村が共同で学校を開設。現在の藤江小学校の前身です。

ご本尊　釈迦牟尼仏
ご詠歌　後《のち》の世も　此の世も心　安徳寺　仏の御名《みな》に　汚れ洗ふて

醸造の里、半田から阿久比へ

ここから半田市と阿久比町に入ります。半田市は江戸時代に醸造業が栄えた港町。「ごん狐」で知られる童話作家、新美南吉《にいみなんきち》の出身地です。内陸部の阿久比町の歴史は古く、飛鳥時代の藤原京跡から出土した木簡に地名が登場しています。

歳弘法｜番外札所　東光寺《とうこうじ》（半田市）

十一番から十二番には行かず、半田市亀崎の番外札所、亀宝山東光寺に向かいます。十一番から約三・六キロメートル、西山浄土宗のお寺です。国道三六六号線は線路下をくぐってＪＲ武豊線の東側へ。国道を左に折れて亀崎小学校を過ぎた先にあるのが東光寺。

明治三十三年創建当時は念仏の布教所。やがて、和歌山の同名の寺からご本尊と寺号を移しました。開基の実空誠感《じっくうせいかん》上人がお大師様の誕生から入定までの各年齢の六十二体の大師像を奉安。

東光寺は歳弘法で知られています。
日限《ひぎり》大師、厄除け大師、衆生済度《しゅじょうさいど》大師を祀る三体大師堂もあり、参拝者の多い番外札所です。

ご本尊　阿弥陀如来

ご詠歌　身はここに　心はいつか　東光寺　弘法大師　念じたる身は

開眼の杖｜五十四番　海潮院《かいちょういん》（半田市）

東光寺から約一キロメートル。海に面して、神前神社と並んで立つのが五十四番、亀嶺山海潮院。曹洞宗のお寺です。いきなり札所番号が飛びますが、地理的な位置関係の影響です。

文明年間（十五世紀後半）創建の古刹。亀崎城主や刈谷城主に庇護され、北浦から現在地に移りました。もともとの五十四番は野間にありましたが、明治の廃仏毀釈で廃院。大師像は他寺で保護され、一九〇一年、海潮院が五十四番として承認され、引き継ぎました。

一九一二年、水野村（瀬戸市）の盲目の加藤鉄次郎さんが大師像の前で突然目が見えるようになったという霊験が伝わっており、「開眼の杖」が御礼奉安されています。

ご本尊　釈迦牟尼仏

ご詠歌　亀崎の　海潮院に　波静か　釈迦牟尼仏《しゃかむにぶつ》の　まもりゆたかに

水弘法｜十二番　福住寺《ふくじゅうじ》（半田市）

さて、番号順のルートに戻って亀崎から西に約三・四キロメートル。十二番は徳応山福住寺。曹洞宗のお寺です。一五五九年、緒川と刈谷の城主だった水野信元が福住村（阿久比町）にあった寺をこの地に移し、砦の鎮護としたのが縁起です。

眼病にご利益のある水弘法、夢のお告げで三河から移された千体地蔵などが祀られています。

ご本尊　無量寿如来

ご詠歌　極楽も　そのままなれや　福住寺　後《のち》の楽しみ　有脇の里

天白地蔵｜十三番　安楽寺《あんらくじ》（阿久比町）

十二番からさらに西に約二・七キロメートル、阿久比町に入りました。十三番は板嶺山安楽寺。曹洞宗のお寺です。名鉄坂部《さかべ》駅から約一・三キロメートルのところにあります。

観音堂の聖観世音菩薩像は行基作。九年に一度、ご開帳されます。

地蔵堂の天白地蔵に穴の開いた柄杓を供えてお参りすると、耳の遠いのが治るご利益。かつては遠方からもお年寄りが参拝したそうです。

ご本尊　無量寿如来

ご詠歌　板山の　弥陀《みだ》に詣れば　松ヶ枝に　おとなふ風も　念仏の声

行者堂―十四番　興昌寺《こうしょうじ》（阿久比町）

十三番を出て阿久比川沿いに西に約五百メートル進むと、十四番、円通山興昌寺。曹洞宗のお寺です。一五六〇年、桶狭間の戦いに敗れた今川勢の家臣、岡戸祢宜左衛門《ねぎざえもん》がこの地（福住）に残り、緒川（東浦町）の乾坤院《けんこんいん》から和尚を迎えて開山させたそうです。

山門の左にあるのは行者堂。知多四国霊場の三開山のひとり、岡戸半蔵の行者像を祀っています。美浜町の禅林寺にも半蔵の墓所とともに行者堂があります。

ご本尊　華厳釈迦牟尼仏

ご詠歌　法の風　福住わたる　興昌寺　末《すえ》の世までも　利益《りやく》残せり

菅原道真の孫―十五番　洞雲院《とううんいん》（阿久比町）

さらに西進して阿久比川と名鉄河和《こうわ》線を越え、坂部駅西側の集落の中にあるのが十五番、龍渓山洞雲院。十四番から約一・四キロメートル、曹洞宗のお寺です。平安時代の九四八年創建の古刹。開基は菅原道真の孫、菅原雅規《まさのり》。道真が大宰府に配流され、一族も連座。雅規もこの地に流され

ました。

一時荒廃したものの、一四九三年、雅規の子孫、久松定益が再建。定益の子、定義が寺の近くに坂部城を築城。その子（定益の孫）俊勝に嫁いだのが徳川家康の母、於大の方。訳あって俊勝と再婚しました。その事情は後述します。

境内の杉木立の中に伝通院（於大の方）をはじめ、久松氏、松平氏の墓所があります。

ご本尊　如意輪観世音菩薩

ご詠歌　春の日は　梅が谷間に　輝きて　久松寺に　晴るる淡雲

■伝通院於大の方

ここまでに何度か登場した徳川家康の生母、於大の方について少し触れておきます。戦国史に翻弄された一生を送った女性です。

一五二八年、緒川（東浦町）城主・水野忠政と妻・於富の間に誕生。当時、隣接する三河で勢力を伸ばしていた松平清康（家康の祖父）の求めに応じ、忠政は於富を離縁し、清康の側室としました。
清康と別の側室との間に生まれたのが広忠（家康の父）。忠政は、水野氏と松平氏の関係強化

のため、一五四一年、娘・於大も広忠に嫁がせました。そして一五四三年、岡崎城で広忠と於大の間に生まれたのが竹千代（家康）です。

同年、忠政が逝去。家督を継いだ於大の兄・信元は翌年、松平氏の主君・今川氏と絶縁して織田氏に臣従。広忠は今川氏との関係を慮り、於大を離縁。於大は、水野氏の支城、刈谷城に移されました。

一五四五年、織田信秀による三河侵攻に際し、広忠は今川氏に加勢を依頼。見返りに竹千代を人質として差し出しました。

一五四七年、信元の意向で於大は阿古居（阿久比町）城主・久松俊勝の後妻として再嫁。俊勝は水野氏の女性を妻に迎えていましたが早逝。俊勝は、水野氏、松平氏双方との関係強化を図り、於大を迎え入れました。

一五四九年、広忠が尾張遠征中に家臣に暗殺されます。於大は俊勝との間に三男三女をもうけましたが、竹千代とも音信を取り続けました。

一五六〇年、桶狭間の戦いで今川義元が討ち取られ、今川氏から離脱した竹千代改め松平元康は織田信長と同盟。元康は、俊勝と於大の息子三人（つまり異父弟）に松平姓を与えて家臣とし、於大を母として迎えました。

於大は俊勝の死後、剃髪して伝通院と号します。

一五八四年、小牧・長久手の戦いの後、子の松平定勝を羽柴秀吉の養子にする話が浮上。於大は強く反対して家康（一五六三年改名）に断念させました。この養子話が成立していたら、以後の豊臣・徳川（一五六六年改姓）の歴史はさらに複雑なものになっていたでしょう。
一六〇二年、家康の滞在する京都・伏見城で逝去。七十八歳の生涯でした。江戸小石川伝通院に埋葬され、墓所は坂部城近くの洞雲院にも建立されました。

徳本と徳住──十七番　観音寺《かんのんじ》（阿久比町）

さて、名鉄河和線を左手に眺めながら十五番から南下します。約二・二キロメートル進むと十七番、樫木山観音寺。浄土宗のお寺です。ルートの関係上、十六番より先に回ります。この辺りは、阿久比川の支流、前田川流域の台地となっています。
開基は善随《せんずい》上人。二代は江戸時代の念仏聖として名高い徳本上人の弟子、徳住《とくじゅう》大和尚。独特の筆致で知られる徳本。境内の名号塔には徳本の書による南無阿弥陀仏が彫られています。
毎年八月九日が縁日。この日参拝すると九万九千日お参りしたのと同じ功徳があると伝わります。

ご本尊　十一面観世音菩薩

ご詠歌　御仏《みほとけ》の　其身《そのみ》誓ひも　高岡に　真如《しんにょ》の月は　常に照せる

オカラス大明神―十六番　平泉寺《へいせんじ》（阿久比町）

十七番から東へ約五百メートル、十六番は鳳凰山平泉寺。天台宗のお寺です。八三〇年、淳和天皇の勅命で鳳凰を探しに来た慈覚大師が建立した古刹。ご本尊の尾張不動尊は慈覚大師作。国の指定文化財です。

一一九〇年、源頼朝が父義朝の墓参の帰路に参拝し、尾張不動尊に国家安穏を祈願したと伝わります。

境内の「オカラス大明神」は腰に効く「腰の神様」として慕われています。

ご本尊　尾張不動尊

ご詠歌　三毒《さんどく》を　洗ふて清き　平泉寺　不動の利生《りしょう》　いとも賢し

蓮糸の法衣―番外札所　海蔵寺《かいぞうじ》（半田市）

ここから再び半田市に入ります。十六番からさらに東に約三・七キロメートル、乙川の集落の中にあるのが番外札所、清涼山奥之院海蔵寺。曹洞宗のお寺です。阿久比川が大きく蛇行する形

が「乙」の字に似ていることから、地名が乙川になったと言われています。
二世住職の田翁和尚。その神通力で遠く離れた高野山の大火を見通し、庭に水を撒いて火を消し止め、高野山より「蓮糸《れんし》の法衣」が贈られました。

ご本尊　釈迦牟尼仏

ご詠歌　奥の院　高野の山に　変らねば　真心こめて　頼め諸人《もろびと》

次郎長地蔵―十八番　光照寺《こうしょうじ》（半田市）

番外海蔵寺から乙川集落内を南へ約一キロメートル進むと十八番、開運山光照寺。時宗のお寺です。

境内の観音堂を建立する際、当時の寺格では二層の堂宇建築が許されなかったものの、時の尾張藩家老成瀬隼人が「庇《ひさし》を付ければ塔にあらず」との名裁定。晴れて今の姿となりました。

江戸時代末期、清水次郎長が半田の亀崎で決闘する前に願掛けしたお地蔵様が観音堂の横に祀られています。勝軍地蔵、次郎長地蔵と呼ばれ、信仰されています。

ご本尊　阿弥陀如来

ご詠歌　乙川の　清き流れに　俤《おもかげ》を　写せば胸の　垢《あか》や落ちなん

彫長と彫常｜十九番　光照院《こうしょういん》（半田市）

十八番から南下し、JR武豊線、阿久比川、国道二四七号線を越えて約一・九キロメートル、半田市街に入ると十九番、前明山光照院。西山浄土宗のお寺です。十八番が光照寺、十九番が光照院と、同名の「寺」と「院」が続きます。

一八八二年建立の玄関と一九〇七年建立の弘法堂には、半田の山車の彫刻師、彫長《ほりちょう》とその弟子彫常《ほりつね》の師弟が彫った龍と竜虎が飾られています。

ご本尊　阿弥陀如来
ご詠歌　大慈悲《だいじひ》の　光を照らす　地蔵尊　救い給へよ　此の世后《のち》の世

手足弘法｜二十番　龍台院《りゅうたいいん》（半田市）

十九番から西に約七百メートル、二十番は萬松山龍台院。曹洞宗のお寺です。戦国時代の一五七三年、当地の土豪、吉田禎輔が堂宇を建立したのが始まりです。弘法堂南に立つ萬松稲荷は元々横須賀（東海市）玉林斎にありましたが、住職の夢に神様が現れ「衆生済度《さいど》のため龍台院に祀ってほしい」との夢告。一八九七年に移されました。

弘法堂前に置かれている手足の木型で患部を触ると治ると信じられ、手足弘法と呼ばれています。

ご本尊　十一面観世音菩薩

ご詠歌　千歳《ちとせ》ふる　つるの林の　大悲閣《だいひかく》　えんぶだごんの　光り輝く

典空上人―二十一番　常楽寺《じょうらくじ》（半田市）

二十番から南下。知多半田駅を横目に名鉄河和線に沿って約二・一キロメートル、二十一番は天龍山常楽寺。西山浄土宗のお寺です。二十番より約百年前の一四八四年、空観栄覚上人が応仁の乱の戦没者供養のために発願、開創しました。

八世典空上人の母は家康の生母（於大の方）の妹、つまり上人は家康の従兄弟。そのため、家康は桶狭間の戦い、本能寺の変、上洛時の三度に亘って当寺を参拝。家康ゆかりの寺であったことから、尾張藩初代藩主徳川義直の庇護を受けました。

毎年三月二五日には知多半島各地から宗門僧俗が集まり、法然上人を偲ぶ御忌会が行われます。

ご本尊　阿弥陀如来

ご詠歌　常楽《じょうらく》の　彼岸《ひがん》にやがて　到らまし　御名《みな》唱ふるは　報恩《ほうおん》のため

浦島伝説の武豊から美浜へ

知多半島をさらに南に進みます。武豊町には浦島、竜宮、乙姫橋などの地名が残っていることから、浦島太郎伝説が伝わります。東西を三河湾と伊勢湾に囲まれた美浜町には、三河湾国定公園の美しい自然が広がります。

お八日｜二十二番　大日寺《だいにちじ》（武豊町）

二十一番からさらに約三・七キロメートル南下。武豊町の平井畑交差点を左折すると、二十二番、御嶽山大日寺。西山浄土宗のお寺です。

ご本尊大日如来は元々桓武天皇勅願寺の御嶽山光照院に祀られていましたが、戦乱で堂宇が焼失した際、難を逃れるために大日池に沈められました。約百年後、灌漑工事の際に発見され、大日寺に奉安されました。

旧暦一月二十八日は「お八日」と呼ばれる大日如来の縁日。現在では毎年三月第一日曜日に開かれています。

ご本尊　大日如来

ご詠歌　まんだら界　洽《あまね》く照らす　御仏の　功徳《くどく》長尾の　大日の寺

聖田　二十三番　蓮花院《れんげいん》（武豊町）

二十二番から約五百メートル。前田交差点を右折、前方右手に見えてくるのが二十三番、意龍山蓮花院。西山浄土宗のお寺です。

応仁の乱による戦乱に苦しむ村を心配した修行僧が草庵を結んだのが始まり。僧は農耕指導も行い、村人から慕われ聖《ひじり》上人と呼ばれました。以来、この辺りの地名は聖《ひじり》田となりました。一九七〇年に火災に遭い、以後、順次再建。現在の本堂は鮮やかな色彩が目を引きます。

ご本尊　阿弥陀如来

ご詠歌　寺の名に　因《ちな》む一蓮《いちれん》　托生《たくしょう》は　み名を称《とな》ふる　口にこもれる

義朝公供養　二十四番　徳正寺《とくしょうじ》（武豊町）

二十三番から約一・六キロメートル。ＪＲ武豊駅を過ぎると左手に現れるのが二十四番、慶亀山徳正寺。曹洞宗のお寺です。源義朝を討った長田忠致《ただむね》の末裔が、一五一三年、義朝公供養のために地蔵尊を祀ったのが始まりです。

ご本尊脇に安置されている十一面観世音菩薩は天平時代に作られた重要文化財。明治時代の廃仏棄釈の際、檀家が隠して守ったそうです。

ご本尊　大通智勝仏

ご詠歌　法《のり》の雨　降りかかる身の　徳正寺　道大足《おおあし》に　知らで行く人

弘吉布袋―二十五番　円観寺《えんかんじ》（武豊町）

二十四番から名鉄河和線と国道二四七号線の間を南に約二・七キロメートル、富貴《ふき》駅北側の踏み切りを越えると二十五番、法輪山円観寺。天台宗のお寺です。縁起は室町時代に遡りますが、現在の場所に移り、今の山号・寺号になったのは一五七四年。総欅《けやき》造りの護摩堂には、金毘羅大権現、不動明王、薬師如来が祀られ、毎月十日には護摩祈祷が行われます。堂内には笑顔が印象的な弘吉布袋も鎮座しており、参拝者に親しまれています。

ご本尊　阿弥陀如来

ご詠歌　円《まど》やかに　観給《みたま》う弥陀《みだ》の　慈眼《じげん》には　富貴《ふき》も貴賤《きせん》も　別《わか》ちなからむ

武田安兵衛―開山所　葦航寺《いこうじ》（美浜町）

二十五番から名鉄河和線に沿ってさらに南下すること約三・二キロメートル、開山所の達磨山葦航寺。曹洞宗のお寺です。知多四国の三開山のひとり、武田安兵衛を祀っています。

讃岐生まれの安兵衛と、霊場の開基、亮山阿闍梨との出会いの経緯はこの章の冒頭でご紹介したとおりです。亮山阿闍梨、岡戸半蔵とともに知多四国の開山に奔走しました。

開山の大業を達成した翌年の一八二五年、安兵衛は布土《ふっと》（美浜町）の十王堂で三十六歳の若さで亡くなりました。

ご本尊　釈迦牟尼仏

ご詠歌　一筋に　八十八と　願《がん》立てて　布土の縁《えにし》で　なるぞはたせり

時志観音　番外札所　影現寺《ようげんじ》（美浜町）

葦航寺から海沿いの国道二四七号線に出て南に約二・三キロメートル。急な石段の上に海を見下ろして立つのは番外札所、慈雲山影現寺。曹洞宗のお寺です。

八二七年、佐久島の漁師の網に十一面観音像がかかり、島の草堂に祀っていると、堂守の夢に観音様が現れ「願わくは対岸の陸地に祀れ」との夢告。観音像から出た光明が指し示した先が当地だったと伝わります。当地に遷座した後はいつしか時志《ときし》観音と呼ばれるようになり、一五〇四年に開山しました。

領内巡察中の尾張藩初代藩主徳川義直が当寺で休息。寺の由来に感服した義直は当寺を庇護。

義直の安産祈願も叶えたことから、以後、安産の観音様として信仰されました。

ご本尊　釈迦牟尼仏

ご詠歌　時しらぬ　利益《りやく》はいつも　有明の　月の光の　いたらぬはなし

地獄絵図―二十六番　弥勒寺《みろくじ》（美浜町）

時志観音から国道二四七号線をさらに約一・四キロメートル南下。名鉄河和駅近くにあるのが二十六番、龍華山弥勒寺。曹洞宗のお寺です。一五九六年に開創。一七五三年の火災で堂宇を焼失しましたが、後の住職、海嶺和尚や天佑和尚らの尽力で再興。今日に至っています。

釜茹で、血の池地獄などが描かれた寺宝「地獄絵図」は毎年春秋のお彼岸の一週間ご開帳され、多くの人が参拝に訪れます。

お庫裏《くり》さんは著名な画家と伺っています。お庫裏さんが描いた絵も年々蓄積されているそうです。

ご本尊　弥勒菩薩

ご詠歌　露の身も　今日は嬉しく　北方の　弥勒寺尊の　あかつきにある

恵等和尚―二十七番　誓海寺《せいかいじ》（美浜町）

二十六番から南下。河和の交差点から西に折れ、南知多道路をくぐって集落の中に入ると二十七番、天竜山誓海寺。道中約三・九キロメートル、曹洞宗のお寺です。戦国時代の一五五五年、現在地よりも海岸寄りの古布《こう》で開創されたと伝わります。知多四国開創の折、恵等《えとう》和尚が発願者のひとりである岡戸半蔵に多大な協力をしたそうです。

戦争中の一九四四年、境内が海軍航空隊に徴用されたため、古布の村ごと現在地に移転。愛染堂には、お大師様が三体彫ったと伝わる愛染明王のうちの一体を奉安。縁結びのご利益があると言われ、女性の信仰を集めています。

ご本尊　釈迦牟尼仏

ご詠歌　彼《か》の岸に　渡らむ古布の　誓海寺　波も静かに　法《のり》の風吹く

岡戸半蔵―開山所　禅林堂《ぜんりんどう》（美浜町）

誓海寺境内には知多四国三開山のひとり、岡戸半蔵を祀る禅林堂があります。曹洞宗のお寺です。

前述のとおり、岡戸半蔵は一七五二年、福住村（阿久比町）生まれ。妻子に先立たれ、供養のために発心して本四国を巡拝。

一八一九年、知多四国開創を目指す亮山阿闍梨に出会い、武田安兵衛とともに大願成就に腐心。屋敷も田畑も売り払い、大師像等を寄進しました。

大願を果たした一八二四年、禅林堂で七十二歳の生涯を閉じました。

ご本尊　釈迦牟尼仏

ご詠歌　御仏の　恵みのままに　身を寄せて　心たのもし　禅林の堂

ことぶき観音―二十八番　永寿寺《えいじゅじ》（美浜町）

二十七番から南下、南知多道路沿いに一般道を進むこと約二・六キロメートル、山間にたたずむのは二十八番、浄光山永寿寺。西山浄土宗のお寺です。寺の縁起は十世紀初頭の八幡神社まで遡ります。

寺のある集落は、戦国時代の一五八二年、丹波福知山の落ち武者六人がこの地に住みつき、山を切り拓いて作ったことから切山《きりやま》と呼ばれていたそうです。

高さ二メートル（台座から三・五メートル）の聖観音像は「ことぶき観音」として親しまれ、参拝者の福寿無量を願っています。

ご本尊　阿弥陀如来
ご詠歌　欲心を　只《ただ》一筋に　切山の　永寿の人は　弥陀《みだ》の功徳《くどく》ぞ

尾張廻船の南知多へ

知多半島の先端にある南知多町は、知多四国で最多の札所数を誇ります。日間賀島、篠島などの島嶼部を含み、江戸時代には上方（大坂）と江戸を結ぶ東西海上交通の要衝。尾張廻船と呼ばれた千石船《せんごくぶね》の船主が大いに繁栄しました。

千枚通しの護符――二十九番　正法寺《しょうぼうじ》（南知多町）

二十八番から丘陵地や竹林を抜けて約二・八キロメートル南下。二十九番は大悲山正法寺。天台宗のお寺です。

正法寺は、一一六〇年に源義朝とともに野間で謀殺された家臣、鎌田兵衛政清の館跡に建っています。一二三三年、政清供養のため、比叡山の徹円阿闍梨が護摩堂を建立し、政清の念持仏である毘沙門天を祀ったのが寺の縁起です。

正法寺では薄い和紙でできた「千枚通しの護符」が授けられ、水とともに飲むと病気平癒の霊験があると信じられています。

ご本尊　毘沙門天

ご詠歌　迷はずに　正しき法《のり》の　道行かば　山田に残す　毘沙門《びしゃもん》の徳

七日間の護摩修法―三十番　医王寺《いおうじ》（南知多町）

二十九番を出て集落の中を南へ。馬道交差点から県道七号線に出てさらに南下し、大井西交差点を左折。まもなく大井漁港に出ます。大井の集落には三十番から三十四番の札所が密集しています。二十九番から三十番、宝珠山医王寺までは約二・七キロメートル。真言宗豊山派のお寺です。

七二五年、行基が草庵を結び、八一四年にはお大師様が船でこの地に上陸。お大師様は当寺に参篭して七日間の護摩修法を行って開山しました。往時は七堂伽藍《しちどうがらん》十二坊を擁し、そのうち四つの塔頭《たっちゅう》寺院が隣接して今日まで続いています。

ご本尊　薬師如来

ご詠歌　大井潟　救世《ぐぜい》の舟に　棹《さお》さして　渡るも嬉し　法《のり》の医王寺

赤門寺｜三十一番　利生院《りしょういん》（南知多町）

三十番に隣接する三十一番、宝珠山利生院。医王寺の塔頭寺院のひとつ、東光庵として開創されました。真言宗豊山派のお寺です。

丹《に》塗りの門のため、通称「赤門寺」。毎年一月二十八日の初不動では息災護摩供が行われます。小さな木札の「弘法さまの一年守り」はご利益があるとして人気です。

ご本尊　不動明王

ご詠歌　阿字《あじ》の原　絶《たえ》なく八つの　風吹けど　利生《りしょう》のちかひ　不動盤石《ばんじゃく》

金毘羅大権現｜三十二番　宝乗院《ほうじょういん》（南知多町）

三十一番に隣接するのが三十二番、宝珠山宝乗院。医王寺の塔頭寺院、宝泉坊が基となっています。やはり真言宗豊山派のお寺です。

旧暦十月十日の金毘羅大権現《こんぴらだいごんげん》の縁日は二百年以上続いているそうです。金毘羅大権現は海の守り神であり、古くから漁師の篤い信仰を集めています。

ご本尊　十一面観世音菩薩

ご詠歌　宝乗の　峯《みね》にたなびく　白雲は　我が身をのせて　花の浄土へ

明星井――三十三番　北室院《きたむろいん》（南知多町）

やはり三十二番に隣接する三十三番、宝珠山北室院。同じく塔頭寺院、浄光坊として開創。真言宗豊山派のお寺です。山門左手にあるのがお大師様ゆかりの「明星井《みょうじょうい》」。江戸時代に刊行された「尾張名所図会《ずえ》」にも紹介されています。

当院は、聖崎の「上陸大師」の納経所にもなっています。八一四年、お大師様が船で渡って来て上陸したのが聖崎。地名もその史実に由来します。港の沖の岩礁には上陸大師の像が立っています。

ご本尊　聖観世音菩薩
ご詠歌　東西《ひがしにし》　南《みなみ》と心　迷へども　詣る浄土は　北室の寺

おきつねさま――三十四番　性慶院《しょうけいいん》（南知多町）

さらに三十三番に隣接する三十四番、宝珠山性慶院。塔頭寺院、円蔵坊として開創されました。真言宗豊山派です。

本堂左手には福寿稲荷大明神が祀られています。堂の前には左右三体ずつの「おきつねさま」。賭け事にご利益があると信じられ、参拝者が「おきつねさま」の石片を持ち帰るため、ところどころ欠けています。

ご本尊　青面《しょうめん》金剛

ご詠歌　来てみれば　性慶院に　花飾《はなかざり》　菩提《ぼだい》の種を　結ぶうれしさ

修行大師像―三十五番　成願寺《じょうがんじ》（南知多町）

三十四番から大井漁港前を通って南に約二・六キロメートル。三十五番は神光山成願寺。曹洞宗のお寺です。

お大師様が聖崎に上陸した際、当地で疫病が流行。お大師様の加持祈祷《かじきとう》によって救われた村人が修行大師像を祀って霊跡としたのが始まりです。

ご本尊　阿弥陀如来

ご詠歌　慈悲深き　弥陀《みだ》をと頼む　成願寺　利益《りやく》をうけよ　思ふまにまに

御手引大師―三十六番　遍照寺《へんじょうじ》（南知多町）

三十五番から師崎《もろざき》に向かう道中、約一・八キロメートル進むと三十六番、天永山遍照寺。真言宗豊山派のお寺です。

元々は三十番医王寺の塔頭寺院十二坊の一寺。医王寺が火災に遭った後、ここに移って再興されました。

ご本尊に弁財天を祀る知多四国霊場唯一の札所。別堂にはお遍路さんの道中安全を願う御手引《おてびき》大師が祀られています。

ご本尊　弁財天

ご詠歌　巡り来て　友待つ筈《はず》の　遍照寺　いざや急がん　西浦の里

大光古墳｜三十七番　大光院《だいこういん》（南知多町）

いよいよ師崎から船で日間賀島に渡ります。東港から約三百メートル、西港から約一・七キロメートル、三十七番は魚養山大光院。真言宗豊山派のお寺です。やはり医王寺の塔頭寺院でしたが、一二一二年、島に移転しました。

島には古墳が多く、境内には大光古墳があります。また、別堂の金毘羅大権現は海上安全の守護神です。

ご本尊　大日如来

ご詠歌　心して　渡れば波も　静かなり　島にさやけき　大光の月

龍門の梵鐘―三十八番　正法禅寺《しょうぼうぜんじ》―（南知多町）

続いて篠島に渡り、港から約九百メートル行くと三十八番、龍門山正法禅寺。曹洞宗のお寺です。静岡県袋井市の名刹、可睡斎《かすいさい》の直末寺《じきまつじ》。開山の鳳山仙麟《ほうざんせんりん》大和尚は今川家から逃げた竹千代（のちの徳川家康）を七十日間匿ったという逸話が伝わります。

一六四五年、「金銀銅鉄」で鋳造された龍門の梵鐘には伊勢の銘が刻まれており、篠島が伊勢神宮領だったことを偲ばせます。

ご本尊　釈迦牟尼仏

ご詠歌　御仏《みほとけ》の　救世《ぐぜい》の船に　棹《さお》さして　わたる篠島　正法《しょうぼう》の寺

月山・篠山霊場―番外札所　西方寺《さいほうじ》―（南知多町）

三十八番から集落の中の狭い道を約三百メートル行くと、番外札所の寂静山西方寺。浄土宗のお寺です。武田信玄が作らせたと伝わる火度見《ひとみ》善光寺如来が祀られています。

土佐国月灘村から伝わった元月山大勢至菩薩と、伊予国一本松村から伝わった元篠山大権現十一面観世音菩薩が祀られていることから、別名、「月山・篠山霊場」とも呼ばれます。

ご本尊　阿弥陀如来

ご詠歌　皆人《みなひと》の　願ふ浄土は　何処方《いずかた》ぞ　月もかたむく　西方の寺

八十八長寿薬師―三十九番　医徳院《いとくいん》（南知多町）

再び集落の中を約三百メートル、三十九番は金剛山医徳院。やはり医王寺の塔頭寺院で、一二一二年に篠島に移されました。真言宗豊山派のお寺です。

一四六〇年、当寺の北の方角の海に不思議な光が現れ、漁師が網を入れてみると薬師如来像が揚がりました。その像が奉安されたご本尊となって八十八《やそはち》長寿薬師と呼ばれ、長寿利益があると信心を集めています。

一五八二年、本能寺の変の後、伊賀越えで三河に戻る途中に徳川家康が、当寺に一泊しているそうです。

ご本尊　薬師如来

ご詠歌　生れ来て　一度はまいれ　篠島の　帝《みかど》の井戸に　医徳かがやく

お亀さん霊場―番外札所　浄土寺《じょうどじ》（南知多町）

篠島から師崎に戻り、いよいよ知多半島西岸を北上。お遍路も後半に入ります。師崎から約二・六キロメートル、番外札所の青泰山浄土寺に到着。曹洞宗のお寺です。

一九〇九年、伊賀上野の谷村佐助という人が夢告に従って亀に慈悲を施したところ、病気が平癒。感謝して海に放した亀がこの地に漂着。

開山の亀岳鶴翁《きがくかくおう》大和尚が霊亀出現の夢告を見たため、この亀を龍亀大菩薩として奉安。亀の甲羅には「奉大海龍大神、谷村佐助」と書かれていたそうです。お亀さん霊場と呼ばれて親しまれています。

ご本尊　薬師如来

ご詠歌　波の音　みのりの声ぞ　小佐の崎　浮かぶ心の　亀ぞまつれる

御守腹帯｜四十番　影向寺《ようごうじ》（南知多町）

浄土寺から国道二四七号線を北上すること約三・八キロメートル、四十番は普門山影向寺。曹洞宗のお寺です。
大師堂に祀られている子安《こやす》大師像は、ご本尊の十一面観世音菩薩の神通力で現れたと伝わります。安産、子育てに霊験があるとされ、大師像や経文を描いた御守腹帯《おまもりはらおび》のご利益は有名で、遠隔地からの参拝者も多いそうです。

ご本尊　十一面観世音菩薩
ご詠歌　中須をも　照らせる月の　影向寺　彼岸浄土も　さやかにぞ見る

またたき弘法｜四十一番　西方寺《さいほうじ》（南知多町）

さらに北上すること約二・五キロメートル、山海《やまみ》海岸に面して建つのは四十一番、松原山西方寺。西山浄土宗のお寺です。流木で作られた山門、魚供養塔などがあり、海辺ならではの札所です。当寺に祀られている大師像は「またたき弘法」と呼ばれており、眼病平癒にご利益があると信仰されています。

ご本尊　阿弥陀如来
ご詠歌　皆人《みなひと》の　願う浄土は　何処方《いずかた》ぞ　月も傾く　西方の寺

龍泉｜四十二番　天龍寺《てんりゅうじ》（南知多町）

山海交差点を東へ向かい、四十一番から約一・二キロメートル行くと四十二番、瑞岸山天龍寺。曹洞宗のお寺です。ご本尊の阿弥陀如来は鎌倉時代の仏師、快慶《かいけい》作と伝わります。
寺号の由来は、お大師様巡錫跡に立つ欅《けやき》の根元に湧く湧水が「龍泉」と呼ばれていたためだそうですが、その湧水は昭和中期の災害で涸れたそうです。

ご本尊　阿弥陀如来

ご詠歌　み仏の　あらはれならむ　天龍寺　小野の小田水《おだみず》　恵まれにけり

尾張高野山―四十三番　岩屋寺《いわやじ》（南知多町）

四十二番からさらに東に約八百メートル、四十三番は大慈山岩屋寺。尾張高野山宗の本山です。七一五年に元正《げんしょう》天皇の勅願により行基が開創したと伝わる古刹。お大師様が二度来山し、阿弥陀堂のご本尊は親鸞聖人が奉安。

室町時代は大野城主佐治氏、江戸時代は尾張徳川家の庇護を受けました。現在は尾張高野山の総本山として多くの末寺を擁しているそうです。

ご本尊　千手観世音菩薩

ご詠歌　不思議とは　誰が口から　岩屋でら　千手の誓い　利益《りやく》あらたか

身代大師総本山―番外札所　岩屋寺奥之院《おくのいん》（南知多町）

岩屋寺の奥之院も番外札所。お大師様が八〇八年に開創し、参籠《さんろう》した行場《ぎょうば》です。お大師様がこの地の岩窟で護摩《ごま》修法された際、「病気災難等の身代わりに立ちつかわさん」と仰せになったことから、身代大師総本山として信仰されています。

ご本尊　聖観世音菩薩

ご詠歌　名も高き　深きみ山の　奥之院　ふだらくせんの　姿《けしき》なるらん

もくれん寺―四十四番　大宝寺《だいほうじ》（南知多町）

四十三番岩屋寺から山海に戻る途中、右折して北上すること約四・五キロメートル。四十四番は菅生《すごう》山大宝寺。曹洞宗のお寺です。

お大師様が知多半島を巡錫した道中に修行場とした硯水《けんずい》大師霊場の場所とも伝わります。本堂前の湧水は、お大師様のお告げどおり、一七五一年に湧き出したと言われています。境内では、三月から四月にかけて多くの木蓮の花が咲き誇ることから、「もくれん寺」と呼ばれてお遍路さんに親しまれています。

ご本尊　釈迦如来

ご詠歌　この山に　仏のくどく　あらわれて　湧き出る水は　甘露《かんろ》にもます

だるま弘法｜四十五番　泉蔵院《せんぞういん》（南知多町）

内海《うつみ》に向かって西進し、国道二四七号線に出て左折。大宝寺から約二キロメートルにあるのが四十五番、尾風山泉蔵院。真言宗豊山派のお寺です。お大師様が知多半島を巡錫した折の霊跡に建てられた泉蔵坊。室町時代に地元の国衆一色氏の居城、内海城の城内に移築されました。やがて一色氏は家老の佐治氏に追われ、内海城は廃城。泉蔵坊はその廃城跡を寺域とし、泉蔵院に改称しました。ご本尊は行基作と伝わる阿弥陀如来と薬師如来です。

泉蔵院は祈願成就のだるまで知られており、通称「だるま弘法」と呼ばれています。

ご本尊　阿弥陀如来　薬師如来

ご詠歌　弥陀《みだ》薬師　名はいろいろに　異なれど　とうきふやくの　慈眼とぞ知れ

円空秘仏｜四十六番　如意輪寺《にょいりんじ》（南知多町）

四十五番から約六百メートル、国道二四七号線を北上して内海の集落の中に入ると、四十六番は井際《いぎわ》山如意輪寺。真言宗豊山派のお寺です。

奈良時代に行基によってこの地に創建された古刹、観福寺の一院がルーツ。観福寺は往時には一山九院の隆盛を誇り、如意輪寺のみならず、四十五番も四十七番も観福寺の一寺でした。観福寺は南北朝後に荒廃しましたが、一五七四年に梅山《ばいざん》和尚が中興開山となって再興。知多四国が開創された翌年の一八二五年、如意輪寺には霊場会の本部が置かれたそうです。
寺には知多半島に三体祀られている円空作の秘仏のひとつ、薬師如来立像が奉安されています。

ご本尊　如意輪観世音菩薩
ご詠歌　念ずれば　心の迷い　雲晴れて　真如の月は　常にかがやく

山桜寺｜四十七番　持宝院《じほういん》（南知多町）

如意輪寺から内海の集落内を通って名鉄知多新線を越えて約一・一キロメートル進むと、四十七番は井際山持宝院。真言宗豊山派のお寺です。前述のとおり、このお寺もかつては古刹観福寺の一院。十四世紀末期の応仁年間に、金尊《きんそん》上人が中興開山として復興しました。
かつては桜の名所として知られ、江戸時代末期の尾張国の地誌「尾張名所図会」に景勝地「山桜寺」として記されています。残念ながら、伊勢湾台風で多くの桜が倒れてしまいました。山門に至る石段の脇には、お大師様が知多半島巡錫の折に加持祈祷したという「とどろきの井戸」が残されています。

ご本尊　如意輪観世音菩薩
ご詠歌　花を見て　歌詠む人は　八坂寺　三仏《さんぶつ》浄土の　縁《えん》とこそ聞け

源義朝最期の地、美浜へ

知多半島東岸を南下して南知多町の札所を打ち終えましたので、今度は伊勢湾を眺めながら西岸を北上し、再び美浜町に入ります。源義朝最期の地です。

御助大師｜四十八番　良参寺《りょうさんじ》（美浜町）

四十七番持宝院を出て国道二四七号線を北上すること約四キロメートル、小野浦を越えて集落の中に入ると四十八番、禅林山良参寺があります。曹洞宗のお寺です。江戸時代末期から明治時代初期にかけて、小野浦は千石船の拠点港として知られていました。

一八三二年、大坂から江戸に向かう途中に遭難して米国に漂着した宝順丸乗組員の墓碑があり、その中の音吉、久吉、岩吉の通称「三吉」は初の邦訳聖書を制作したそうです。当寺のお大師様の像は御助大師《おたすけだいし》と呼ばれ、目の不自由な女性が開眼した霊験などが伝わっています。

ご本尊　聖観世音菩薩

ご詠歌　はるばると　まいる禅林　良参寺　吹き来る風も　御仏《みほとけ》の声

細目の毘沙門さん ― 四十九番　吉祥寺《きっしょうじ》（美浜町）

良参寺からさらに約二・一キロメートル北上すると四十九番、護國山吉祥寺。曹洞宗のお寺です。開基は一六〇五年、関嶺玄通首座《かんれいげんつうしゅそ》。再興は五雲眠瑞《ごうんみんずい》大和尚。火災後の再建は仁州海寛《にんしゅうかいかん》大和尚と伝わっています。

別堂にある秘仏・毘沙門天は行基作。一本の木から三体を作ったうちの一体。顔の特徴から「細目の毘沙門さん」と呼ばれ、付近の地名（細目）にもなりました。もう一体は広目寺（常滑市）にある「広目の毘沙門さん」。最後の一体はどこでしょうか、気になります。

本堂には法隆寺の夢違《ゆめたがえ》観音を模した観音様が鎮座。悪い夢を良い夢に取り換えてくれるご利益があるそうです。

ご本尊　釈迦牟尼仏

ご詠歌　何事も　吉祥《きちじょう》なれど　祈る身は　やがて幸よき　因縁《いんねん》ぞ来む

■源義朝と由良御前

さて、野間の中心部に向かいます。野間は源頼朝の父、義朝最期の地。頼朝の生母は熱田神宮大宮司《だいぐうじ》の娘、由良御前《ゆらごぜん》です。頼朝の生誕地も熱田神宮近く、現在の誓願寺のある

場所です。義朝・頼朝親子は愛知県にゆかりが深いのですが、信長・秀吉・家康があまりにも有名なため、愛知県民もあまり意識していません。

一一二三年に都で誕生した源義朝は河内源氏の一族。その当時の河内源氏は都で勢いを失っていました。少年期に東国下総（千葉）に下向。以後は下総で成人しつつ、その間も都と東国を行き来したようです。その途上で尾張や三河にも寄り、知多にも詳しく、熱田神宮の宮司とも知己になったものと思われます。その縁《えん》で由良御前を娶《めと》り、頼朝が誕生しました。

美浜町の義朝・頼朝親子にゆかりの深いお寺は、五十・五十一・五十三・五十五・五十七番の五寺です。

白衣観世音菩薩―五十六番　瑞境寺《ずいきょうじ》（美浜町）

義朝・頼朝親子にゆかりの深い五寺を訪ねる前に、道程の都合上、まずは五十六番、祥雲山瑞境寺に向かいます。四十九番から約一・五キロメートル、曹洞宗のお寺です。開山・蘭峰盛曇《らんぽうせいどん》和尚、中興・雷淵黙要《らいえんもくよう》和尚、再興・岱豊秀山《たいほうしゅうざん》和尚の三祖が伝承されています。

ご本尊の白衣観世音菩薩は日本に三体あるうちの一体と伝わり、息災除病にご利益があるとして信仰を集めています。

ご本尊　白衣観世音菩薩
ご詠歌　慈悲の目に　にくしと思ふ　ものはなし　命あるもの　あはれまします

かじとり観音｜五十二番　密蔵院《みつぞういん》（美浜町）

五十六番から約四百メートル、五十二番は鶴林山密蔵院。真言宗豊山派のお寺です。寺の前身は白河天皇勅願寺である大御堂寺（五十番）の塔頭寺院のひとつ、宝乗坊です。野間は千石船の拠点でした。当院の別堂には、船乗りたちの信仰を集めた如意輪《にょいりん》観音、別名「かじとり観音」が祀られています。その脇には、古くなった船が置かれています。

ご本尊　不動明王
ご詠歌　法界《ほっかい》を　平等に見る　御仏《みほとけ》は　密蔵院にて　輝きてます

咳地蔵｜五十三番　安養院《あんよういん》（美浜町）

五十二番から約三百メートル、五十三番は鶴林山安養院。真言宗豊山派のお寺です。五十二番と同様に、白河天皇勅願の大御堂寺（五十番）十四坊の一院、南之坊が前身です。一一九〇年、源頼朝が父義朝の菩提を弔うために堂宇を創建しました。

一五八三年、秀吉に敗れた信長の三男、織田信孝が当院で自害。遺品の短刀、辞世の句、臓腑を投げつけた血染めの軸、自刃の間などが現存します。
別堂に祀られている咳《せき》地蔵は、咳や喘息《ぜんそく》快癒にご利益があると信仰されています。

ご本尊　阿弥陀如来

ご詠歌　野間の月　見れば心の　ますかがみ　おのが浄土は　いかでくもらん

義朝廟所｜五十番　大御堂寺《おおみどうじ》（美浜町）

五十二番から約二百メートル、ほぼ隣接しているのが五十番、鶴林山大御堂寺。真言宗豊山派のお寺です。開創は天武天皇時代（七世紀後半）と伝わり、平安時代に白河天皇の勅願寺として大御堂寺と命名され、伽藍も整備されました。
法山寺（五十五番）に隣接する湯殿で襲われた義朝。「我に木太刀《きだち》の一本もあれば」と無念を叫んだ義朝。境内の義朝廟所には木太刀を奉納する人が絶えません。一一九〇年、源頼朝が父義朝の菩提を弔うために、開運延命地蔵、不動明王、毘沙門天を奉安しました。

ご本尊　阿弥陀如来

ご詠歌　大御堂　弥陀《みだ》の光を　眺むれば　後生《ごしょう》を願う　心起らん

伏見桃山城｜五十一番　野間大坊《のまたいぼう》（美浜町）

大御堂寺に隣接するのは五十一番、鶴林山野間大坊。真言宗豊山派のお寺です。源頼朝が父義朝の菩提を弔うために奉安した前述の開運延命地蔵がご本尊です。

大御堂寺の一坊として創建され、江戸時代の地誌「尾張名所図会」には名勝地として紹介されています。本殿は、秀吉晩年の居城となった伏見桃山城の一部を寛永年間（十七世紀半ば）に移築した客殿様式の県の重要文化財です。

ご本尊　開運延命地蔵菩薩

ご詠歌　昔より　いとも名高き　大坊に　白毫《びゃくごう》の光り　見るぞ嬉しき

御湯殿｜五十五番　法山寺《ほうさんじ》（美浜町）

野間大坊から約一・四キロメートル、五十五番は曇華《どんげ》山法山寺。臨済宗天竜寺派のお寺です。行基がこの地に優曇華《うどんげ》が咲き乱れるのを見て、衆生済度を祈願して当寺を開創、自ら薬師如来を彫像して奉安しました。

境内と細道を挟んで建つ御湯殿《おゆどの》は、一一六〇年、源義朝が入浴中に長田忠致《ただむね》・景致《かげむね》親子に襲われた場所。今も当寺がお守りしています。

ご本尊　御湯殿薬師如来
ご詠歌　法《のり》の山　聞くも嬉しき　薬師尊　病なかれと　頼め祈れよ

鎌田兵衛政清―五十七番　報恩寺《ほうおんじ》（美浜町）

五十五番から約一・七キロメートル、五十七番は乳竇《にゅうちょう》山報恩寺。曹洞宗のお寺です。源義朝とともに殺害された鎌田兵衛政清《かまたひょうえまさきよ》の乳母、乳竇貞哺大禅定尼《にゅうちょうていほだいぜんじょうに》が政清の菩提を弔うために創建しました。襲撃した長田忠致は、政清の舅《しゅうと》でした。

お大師様がこの地を巡錫した際、湧水の場所を示した後に一夜にして彫った石観音像が大師像の横に祀られています。

ご本尊　西方如来
ご詠歌　現当《げんとう》の　二世《にせ》の安楽《あんらく》　弥陀《みだ》如来　こころ奥田の　報恩の寺

日本六古窯の常滑へ

ここから常滑市に入ります。古来窯業が地場産業で、常滑焼は日本六古窯のひとつです（他の五つは瀬戸、越前、信楽、丹波、備前)。「常（床）」は「地盤」、「滑」は「滑らか」を意味し、粘土層が多く窯業に適した土壌が地名の由来です。

一切厄除大師―番外札所　曹源寺《そうげんじ》（常滑市）

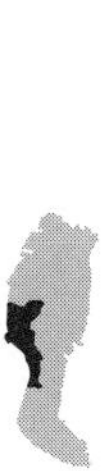

五十七番を出て国道二四七号線を北上。並走していた名鉄知多新線が富貴《ふき》に向かって東に折れた後も国道を北上。五十七番から約七・五キロメートル、番外札所の金鈴山曹源寺に到着。曹洞宗のお寺です。

明治初期まで隣接する八幡社も管理していたため、地域の皆さんからは「宮寺《みやでら》」と呼ばれて親しまれています。「一切厄除《やくよけ》大師」として知られる当寺の御尊像は、お大師様が大蛇悪鬼を護摩《ごま》妙供《みょうく》の秘力で退散させた時の姿と伝わります。

一九二三年、足の不自由な岡山県出身の岡田長五郎さんが夢のお告げに従って当寺を参拝したところ、霊験を得て快癒。使っていた木製の車（いざり車）が奉納されています。

ご本尊　阿弥陀如来

ご詠歌　ありがたや　金鈴山の　岩陰に　弥陀のまします　曹源の寺

ごっとり地蔵―五十八番　来応寺《らいおうじ》（常滑市）

曹源寺から約二百メートル、国道沿いにあるのが五十八番、金光山来応寺。曹洞宗のお寺です。一九六二年、名古屋市の寺尾勝次郎さんのもとに持ち込まれた泥まみれの石像。洗い清めると五十八番の大師像に似ていたので堂宇を立てて供養しました。すると、何と商売が繁盛。感謝して奉納された石像が分身大師です。

その隣には「ごっとり地蔵」も祀られています。「ごっとり」とは「ぽっくり」のこと。当地の村人の「ごっとり（ぽっくり）往生」の願いが込められており、今も信仰を集めています。

ご本尊　如意輪観世音菩薩

ご詠歌　仏徳の　あまねき光り　来応寺　大悲《だいひ》のめぐみ　我に添ひくる

准提観音像―五十九番　玉泉寺《ぎょくせんじ》（常滑市）

五十八番から約二百メートル、国道から少し集落の中に入ると五十九番、萬年山玉泉寺。曹洞宗のお寺です。

ご本尊は聖徳太子作とされる延命地蔵菩薩。十二年に一度、子《ね》年だけにご開帳される秘仏です。お大師様のご真筆とされる准提《じゅんでい》観音像も伝わります。

ご本尊　延命地蔵菩薩

ご詠歌　玉泉寺　湧き出るいづみ　地蔵尊　今も変わらぬ　慈悲のいさおし

本四国お砂踏み霊場―六十番　安楽寺《あんらくじ》（常滑市）

五十九番から集落の中を抜けて約一・六キロメートル、六十番は大光山安楽寺。曹洞宗のお寺です。開創（一五八六年）に先立つ一五三七年、織田氏と今川氏の交戦による戦火を避け、隣の六十一番の古刹、高讃寺からご本尊をこの地に移したのが寺の縁起と伝わります。

本堂前には四国の形を象《かたど》った本四国お砂踏み霊場が設けられています。

ご本尊　阿弥陀如来

ご詠歌　阿弥陀仏　光り放《はな》たす　安楽寺　詣るまにまに　助けたまはん

知多修験道―六十一番　高讃寺《こうさんじ》（常滑市）

六十番から再び国道二四七号線に戻って北上すること約二・三キロメートル、六十一番は御嶽山高讃寺。天台宗のお寺です。天武天皇の勅願により六八三年、行基によって創建された古刹《こさつ》です。

かつては七堂伽藍を有した大寺院。四十三番岩屋寺、八十二番観福寺とともに知多三山と呼ばれていました。第一章でも登場しましたが、高讃寺は知多修験道の拠点でした。一五三七年、織田氏と今川氏の交戦による戦火で堂宇の大半を焼失。さらに文禄年間（十六世紀末）にも兵火に遭い、三百坊あったと言われる巨刹は南坊一院のみとなりました。

ご本尊は関東地方に多い鉈《なた》彫り様式。その西限と言われています。参道山門の仁王《におう》像は鎌倉時代のもので、知多四国最大の三メートル級です。

ご本尊　聖観世音菩薩
ご詠歌　張り挙げて　仏の功徳《くどく》　高讃寺　あの世までもと　響け渡らめ

むねなで大師｜六十二番　洞雲寺《とううんじ》（常滑市）

六十一番を出て西進。集落や畑の中を進むこと約一・五キロメートル、六十二番は御嶽山洞雲寺。西山浄土宗のお寺です。

かつて六十一番高讃寺は七堂伽藍を有した大寺院だったことは前述のとおりです。しかし、一五三七年の兵火で堂宇伽藍は破壊・焼失し、仏像は難を逃れて池に沈められたり、田畑に埋められました。その後、当地の御嶽池の中から阿弥陀如来像が発見され、それを祀ったのが当寺の始まりです。

昭和初期、重い胸の病にかかっていた鳴海の木村徳蔵さん。「我は六十二番の大師なり」と告げる僧に納経帳で胸をなでられる夢を見ました。早速家族に代参《だいさん》を頼むと、たちまち快癒。この霊験に因んで「むねなで大師」として信仰を集めています。

ご本尊　阿弥陀如来

ご詠歌　東浦　日間賀《ひまか》しの島　西浦に　大師の垂水《たるみ》　あ利《り》がたくうく

イブキの巨木―六十三番　大善院《だいぜんいん》―（常滑市）

六十二番から北上すること約一・七キロメートル、奥条の集落の中にあるのは六十三番、補陀落山大善院。真言宗豊山派のお寺です。やはりルーツは七堂伽藍三百坊を擁した六十一番高讃寺。そのうちの一坊のご本尊、十一面観世音菩薩を当地に移したのが寺の始まりです。

常滑城初代城主・水野忠綱、その子息・興覚法印《こうがくほういん》の庇護を受けて繁栄。常滑城の鬼門の方角を守るために、牛頭天王《ごずてんのう》（素戔嗚尊＝すさのおのみこと）を奉祀しました。

境内を覆うイブキの巨木は樹齢五百五十年以上の常滑市天然記念物です。裏山は知多半島有数のヤブツバキの群生地です。

ご本尊　十一面観世音菩薩

ご詠歌　じゅうらくの　大善院に　詣《もう》で来て　仏の利益《りやく》　うくるうれしさ

天狗の瓦―六十四番　宝全寺《ほうぜんじ》（常滑市）

六十三番から西に約七百メートル、六十四番は世昌山宝全寺。曹洞宗のお寺です。一五七三年創建と伝わります。

境内には、三十三観音、十王堂、秋葉《あきば》堂、三宝荒神《さんぼうこうじん》堂、弘法堂、金毘羅《こんぴら》堂、地蔵堂が建ち並び、村人に長く親しまれてきた鎮守《ちんじゅ》寺。金毘羅堂の屋根には珍しい天狗《てんぐ》の瓦が置かれています。癌封じ寺、いぼとり地蔵として知られ、ご利益があると信仰されています。

ご本尊　十一面観世音菩薩

ご詠歌　宝積む　全《まった》き寺の　鐘の声　寂滅為楽《じゃくめついらく》と　響く入相《いりあい》

大梵鐘―六十五番　相持院《そうじいん》（常滑市）

六十四番からまた東に戻ること約一キロメートル、六十五番は神護山相持院。一五六〇年開創の曹洞宗のお寺です。一八七八年に廃仏毀釈《はいぶつきしゃく》によって六十四番に統合されたものの、一九〇三年

に復興。一九二一年に寺号を元に戻し、現在地へ移りました。
開創時のご本尊と伝わる延命地蔵大菩薩は南北朝時代の安阿弥《あんあみ》（快慶）の作とされます。
一九六四年には、知多半島最大の大梵鐘《ぼんしょう》が鋳造、奉安されました。

ご本尊　延命地蔵大菩薩

ご詠歌　神護る　山に吹く風　清らかに　延命《えんめい》地蔵　ゐます相持院

絹本著色仏涅槃図 ― 六十六番　中之坊寺《なかのぼうじ》（常滑市）

六十五番から国道一五五線を北上。常滑高校の前を通って約五・三キロメートル、六十六番は八景山中之坊寺。真言宗智山《ちさん》派のお寺です。聖徳太子開創の宮山金蓮寺の九坊中の一坊として開創。一五八四年に兵火に遭って金蓮寺は焼失。それから七年後、政憲《せいけん》和尚が金蓮寺のご本尊、十一面観世音菩薩を奉じて中興しました。
寺宝として、国指定文化財の絹本《けんぽん》著色仏涅槃図《ぶつねはんず》や奥州中尊寺の寺宝だった大般若経《だいはんにゃ》などがあるそうです。

ご本尊　十一面観世音菩薩

ご詠歌　法《のり》の道　守る心の　中之坊　堅き石瀬や　かなやまの里

■大野城

六十六番から七十一番は名鉄常滑線大野町駅周辺。

大野町駅のひとつ南側の西ノ口駅の東、少し高台になった青海山に大野城がありました。中世から戦国時代にかけて、大野氏、一色氏、佐治氏の居城となり、伊勢湾を見下ろす海運拠点として当地を支配していました。

佐治氏三代目の信方の正室は織田信長の妹・お犬。跡継ぎ与九郎の正室は、信長の妹・お市の娘、お江《ごう》。やがて信長の弟、織田有楽斎《うらくさい》が城主となるなど、大野城は重要な戦略拠点でしたが、有楽斎が北方に大草城を建てたために廃城となりました。

三尊安置―六十七番　三光院《さんこういん》（常滑市）

六十六番から西に約一・四キロメートル、六十七番は松尾山三光院。時宗のお寺です。

一三一四年、小倉山蓮台寺十七坊の一院として創建。大野城の鬼門護持のための阿弥陀如来、聖《しょう》観音、不動明王の三尊安置をしたことに由来して三光院と呼ばれました。

一色氏、佐治氏の庇護を受けたものの、一六〇〇年、伊勢の九鬼氏が当地に侵攻し、兵火で寺は焼失。本堂等の老朽化により、二〇一二年、蓮台寺の境内に移転しました。

ご本尊　聖観世音菩薩

ご詠歌　浮世《うきよ》をば　光り照らせる　大慈悲は　世にも輝く　小倉かなやま

火防大師―六十八番　寳藏寺《ほうぞうじ》（常滑市）

六十七番から約一キロメートル、名鉄常滑線の西側にあるのが六十八番、龍王山寳藏寺。真言宗智山派のお寺です。六十六番と同じく、聖徳太子創建の宮山金蓮寺九ヶ寺の一寺が縁起。当寺の大師像は火防《ひぶせ》大師として名高く、篤く信仰されています。堂内には、信者が高野山から持ち帰った「消えずの燈明《とうみょう》」が祀られています。

ご本尊　千手観世音菩薩

ご詠歌　火のあとと　仏の顔は　心して　再び三度《みたび》　ふりかへりみよ

古代製塩の地、知多へ

知多半島西岸の付け根にある知多市。古墳時代から製塩が盛んな地域で、平城京にも貢物として届けられていたことが当時の木簡に記されています。市内の古刹から白鳳《はくほう》時代（七世紀半ば）の古い瓦も出土しています。

厄除観音｜六十九番　慈光寺《じこうじ》（知多市）

知多市に入りました。六十八番から約四百メートル、再び名鉄常滑線を渡ると六十九番、宝苑山慈光寺。臨済宗妙心寺派のお寺です。一三九四年、大野城主・一色満範《いっしきみつのり》が菩提寺建立を発願《ほつがん》。鎌倉円覚寺の清源《せいげん》和尚を招いて開創したのが縁起。境内には満範と清源和尚お手植えの椎《しい》の老木二本が並びます。

仏師春日《かすが》定朝《じょうちょう》作のご本尊は厄除観音として信仰されています。弘法堂前の「願い石」の細長い穴から大師像を覗いて祈願すると願いが叶うと信じられています。

ご本尊　厄除聖観世音菩薩

ご詠歌　結びつる　露《つゆ》に縁《えん》ある　大草の　里や慈光に　照らされつあり

大草のお地蔵さん｜七十番　地蔵寺《じぞうじ》（知多市）

六十九番から東に約八百メートル、七十番は摩尼山地蔵寺。真言宗智山派のお寺です。行基が八世紀に開いたと伝わる古刹。弘法大師が彫ったご本尊は「大草のお地蔵さん」として信仰されています。

江戸時代の享保年間、お竹さんという目の不自由な女性が七日七夜参篭《さんろう》。お告げに従って井戸を改修すると、目が見えるようになった霊験が伝わります。

ご本尊　地蔵菩薩

ご詠歌　大慈悲の　誓願《せいがん》たてし　地蔵寺の　仏の功徳《くどく》　仰《あお》がざらめや

めがね弘法―七十一番　大智院《だいちいん》―（知多市）

七十番から東へ約一・四キロメートル、七十一番は金照山大智院。真言宗智山派のお寺です。聖徳太子開創の古刹。十五世紀に大野城主・佐治為永の祈願所となりました。

当院の身代大師像は別名「めがね弘法」。一八六〇年、目の不自由な老翁が祈願すると快癒。自分の眼鏡を大師像にかけたことがきっかけです。境内には用済みになった眼鏡を納める「めがね塚」もあります。

ご本尊　聖観世音菩薩　前立馬頭観音

ご詠歌　世の人の　仰ぐも高き　大智院　ふこう功徳《くどく》の　仏いませば

雨乞いの壺―七十二番　慈雲寺《じうんじ》―（知多市）

七十一番から北上すること約四・七キロメートル、七十二番は白華山慈雲寺。臨済宗妙心寺派

のお寺です。一三五〇年、大野城主一色範光が開基し、夢窓国師《むそうこくし》を開山とする古刹です。山を借景にした門の風景に優れ、威風堂々の大伽藍と相俟《ま》って、知多四国霊場中、屈指の景勝寺とも言われます。江戸時代の「尾張名所図会」にも名勝として紹介されています。

一六〇〇年建立の観音堂はこの地域最古の建物。二〇〇年前の「雨乞いの壺」も寺宝として保存されています。

ご本尊　千手千眼観世音菩薩

ご詠歌　嬉しくも　慈雲《じうん》たなびく　寺に来て　御名《みな》を唱ふる　法《のり》の声々

如意寺本坊―七十三番　正法院《しょうぼういん》（知多市）

七十二番から東へ約二・一キロメートル行くと、七十三番から七十七番までの札所が密集する佐布里《そうり》という集落。珍しい地名ですが、愛知用水の調整池である佐布里池と佐布里梅林で知られています。

七十三番は雨宝山正法院。真言宗豊山派のお寺です。当院は、一一八四年に創建された雨宝山如意寺一山九坊の本坊です。明治時代の廃仏毀釈などで一山は縮小。現在は当院が七十五番と七十六番の管理、納経、御朱印も行っています。

ご本尊　地蔵菩薩
ご詠歌　一筋に　正しき法《のり》の　道行かば　迷いの夢も　やがて晴れなん

弘法大師―七十五番　誕生堂《たんじょうどう》（知多市）

七十三番の南側に隣接するのは七十五番、雨宝山誕生堂。真言宗豊山派のお寺です。七十四番より先に回ります。
七十五番は如意寺一山の泉蔵坊に置かれていましたが、明治になって無住無檀《むじゅうむだん》になって廃寺。そのため、本坊境内の山上に堂宇が建立され、弘法大師像を安置。弘法大師がご本尊の札所は、知多四国では誕生堂が唯一です。本四国七十五番はお大師様生誕地であることから、誕生堂と命名されました。

ご本尊　弘法大師
ご詠歌　何時《いつ》までも　色は香へど　弘法の　徳は言葉の　花ぞ目出度《めでた》し

佐布里の祈願所―七十四番　密厳寺《みつごんじ》（知多市）

七十五番の南に隣接するのは七十四番、雨宝山密厳寺。真言宗豊山派のお寺です。もちろん雨

宝山如意寺一山九坊のひとつです。

境内には、薬師堂、白山社、天神社もあり、家内安全、病気平癒、安産祈願、学業成就、合格祈願等、諸願成就の寺として信仰を集めており、「佐布里の祈願所」として親しまれています。毎年十一月八日、薬師如来の縁日で味噌田楽《でんがく》が振る舞われます。

ご本尊　十一面観世音菩薩

ご詠歌　知多の里　梅咲き香る　密厳寺　現世《げんせ》の利益《りやく》　受けぬ者なし

雨乞いの本尊――七十六番　如意寺《にょいじ》（知多市）

七十四番から道路を挟んで西側に隣接するのは七十六番、雨宝山如意寺。真言宗豊山派のお寺です。前述のとおり如意寺はかつては大伽藍でしたが、戦国時代の兵火で堂宇のほとんどを焼失。ご本尊の地蔵菩薩は「雨乞いの本尊」として数々の霊験が伝わります。

今は無住のため、納経、御朱印等は七十三番が代行しています。

ご本尊　地蔵菩薩

ご詠歌　有難《ありがた》や　六道能化《のうけ》　地蔵尊　諸仏にまさる　慈親貴《じしんとう》とし

中風除箸｜七十七番　浄蓮寺《じょうれんじ》（知多市）

七十六番から隣接する諸寺の方向へ戻ると、一番北側にあるのが七十七番、雨宝山浄蓮寺。真言宗豊山派のお寺です。

裏山には、お大師様が知多巡錫の際に立てた杖から芽吹いたと伝わる竹藪があり、そこから採った竹で作った「中風除箸《ちゅうふうよけはし》」が知られています。現在は竹ではなく南天で作られ、参拝者の人気を集めています。

ご本尊　不動明王
ご詠歌　浄《きよ》き蓮　うてなの上に　生まれんと　動かぬこころ　仏ともみん

亮山阿闍梨入寂｜七十八番　福生寺《ふくしょうじ》（知多市）

五つの札所が密集する佐布里に別れを告げ、七十七番から名鉄常滑線古見《こみ》駅方向に約二・八キロメートル、七十八番は宝泉山福生寺。真言宗豊山派のお寺です。七十八番と次の七十九番は、知多四国を開創した亮山阿闍梨《りょうざんあじゃり》ゆかりの札所として知られています。亮山阿闍梨は一八四七年、当寺で入寂されました。

一九一三年に火災に遭い、堂宇のほとんど焼失した際、木造の大黒天《だいこくてん》が運び出され、堂裏の宝泉池の畔《ほとり》に安置すると突然豪雨が降り出し、火災が鎮火したそうです。以来、防火、厄除の守護神「やけん大黒天」として信仰を集めています。

ご本尊　不動明王

ご詠歌　幸《さち》よきを　祈りかいある　福生寺　不動のこころ　夢な忘れじ

いぼ地蔵―七十九番　妙楽寺《みょうらくじ》（知多市）

七十八番からさらに古見駅近くまで西進すること約一・四キロメートル、七十九番は白泉山妙楽寺。真言宗豊山派のお寺です。一三九〇年、後花園天皇の勅願所として開創された古刹。七堂伽藍を備えた大寺院だったそうですが、戦国時代に兵火に遭い、さらに豊臣秀吉に寺領を没収されて衰退しました。一六三五年に当地に再興され、一八〇六年に亮山阿闍梨が十三代住職となりました。

境内には四百年以上前に地蔵池から発見された「いぼ地蔵」が祀られており、いぼの治癒にご利益があると信仰されています。

ご本尊　無量寿仏

ご詠歌　磯辺ふく　松風の音《ね》も　妙楽寺　波はしつやか　光るたのしさ

亮山阿闍梨―開山所　妙楽寺《みょうらくじ》（知多市）

七十九番には亮山阿闍梨を祀る開山所があります。亮山阿闍梨の生涯について復習しておきます。

一七七二年に犬山辺りで生まれ、その後、名古屋東照宮守護寺の天王坊二十六世亮厳《りょうごん》法印に師事。

一八〇六年、妙楽寺第十三代住職となり、一八〇九年、お大師様の夢告によって知多四国八十八ヶ所霊場の開創を発願。

十五年の歳月を経て、一八二四年に大願成就。一八四七年に七十八番福生寺で入寂しました。享年七十五歳でした。

すがた弘法（影弘法）―八十番　栖光院《せいこういん》（知多市）

名鉄常滑線に沿って北上、七十九番から約一・八キロメートル、朝倉駅を越えると八十番、海《かい》嶋《とう》山栖光院。曹洞宗のお寺です。十六世紀半ば以前に開創された古刹。一六六二年建立の観音堂に祀られているご本尊、聖観世音菩薩は三十三年ごとに開帳される秘仏です。

大師像の祀られたお茶所。長年お接待用の竈《かまど》を焚いていたところ、白壁にお大師様の姿が現れたという「すがた弘法（影弘法）」。今も写真で拝観できます。境内から大師堂に登る石段の両側に続く白壁の築地塀《ついじべい》が印象的です。

ご本尊　聖観世音菩薩

ご詠歌　ましませる　里の名さえも　寺本の　仏の功徳《くどく》　世にも遍《あまね》し

天室春公首座―八十一番　龍蔵寺《りゅうぞうじ》（知多市）

八十番から名鉄常滑線と国道二四七号線を跨いで約七百メートル、寺本駅近くの八十一番は知多市最後の札所、巨渕《こえん》山龍蔵寺。曹洞宗のお寺です。一六一七年、地蔵菩薩に深く帰依する京の公卿《くぎょう》が当地に移り住んだことが当寺の縁起です。

近郷に病が蔓延した際、公卿が地蔵菩薩に平癒祈願。たちまち病が癒えたことに村人が感謝し、堂宇を建てて地蔵菩薩を奉安したことが始まりです。公卿は開基となり、天室春公首座《てんしつしゅんこうしゅそ》と称されました。

ご本尊　地蔵菩薩

ご詠歌　昔より　優しきものと　言い伝ふ　仏の御顔　深き慈悲相《じひそう》

海老せんべいの東海から大府、名古屋へ

残る札所は七ヶ所です。東海市の地域は、江戸時代以前は典型的な漁村。特産品として尾張藩主に海老せんべいを献上していました。江戸時代中期の高名な儒学者、細井平洲《ほそいへいしゅう》の出身地としても知られています。名古屋市と大府市に隣接しています。

檜紅白椿｜八十二番　観福寺《かんぷくじ》（東海市）

八十一番から国道二四七号線を北上、東海市に入ります。名鉄常滑線尾張横須賀駅と太田川駅の中間、八十一番から約三・三キロメートル、八十二番は雨尾山観福寺。天台宗のお寺です。七〇二年開創、南知多の岩屋寺（四十三番）、常滑の高讃寺（六十一番）と合わせて知多三山と呼ばれる古刹です。現在の本堂は一六六五年、尾張藩二代藩主徳川光友の寄進で建立されました。山門前には知多四国の開山、亮山阿闍梨が「行く末奇譚《きたん》が起きる」と告げたお手植えの紅白椿《つばき》があります。阿闍梨のお告げどおり、檜《ひのき》が芽吹く珍木となりました。

ご本尊　十一面観世音菩薩
ご詠歌　菩提《ぼだい》心　起りて木田の　観福寺　二世《にせ》の安楽《あんらく》　この外になし

大里の大坊─八十三番　弥勒寺《みろくじ》（東海市）

八十二番からさらに北へ約一・二キロメートル、八十三番は待暁山弥勒寺。真言宗智山派のお寺です。七四九年、行基開創の古刹。かつては一山六寺七堂伽藍を擁した大寺院。今も「大里の大坊」と呼ばれます。関ヶ原の戦いの折、西軍についた九鬼義隆の水軍が上陸。兵火に遭って、ご本尊と仁王門を残して焼失。尾張藩二代藩主、徳川光友が再興しました。

境内中央の八角形の拝殿に祀られる「お塔さま」と呼ばれる宝篋印塔《ほうきょういんとう》の周囲を回るとご利益があると信じられています。毎月一日と八日は「お塔さま」の縁日です。

ご本尊　弥勒菩薩

ご詠歌　限りなき　弥勒《みろく》の御世《みよ》に　大里の　法の御庭《みにわ》に　となふ声明《しょうみょう》

夢窓疎石─八十四番　玄猷寺《げんにゅうじ》（東海市）

八十三番から東に約一・七キロメートル進むと八十四番、瑞雲山玄猷寺。曹洞宗のお寺です。後醍醐天皇を追弔《ついちょう》し、夢窓疎石《むそうそせき》が開創。夢窓疎石は国師号を七つも持つ鎌倉時代末期から室町時代初期の禅僧。その国師号のひとつ、「玄猷《げんにゅう》国師」に由来して寺号となりました。

境内の弘法堂は一九三三年、お大師様一千百年御遠忌を記して建立されたものです。山門に祀られる極彩色の四天王像は一見の価値があります。

ご本尊　十一面観世音菩薩

ご詠歌　慈悲深き　母にもまさる　観世音《かんぜおん》　心安らか　姫島の里

火防せの観音様―八十五番　清水寺《せいすいじ》（東海市）

八十四番から北へ約一・四キロメートル、八十五番は慈悲山清水寺。浄土宗のお寺です。元禄年間（十七世紀末）に村の庄屋、六兵衛の屋敷が大火で全焼。一六九五年、村人が現在地の南西、丸根集落に祀られていた観音様を火事跡に迎えて堂宇を建立。以来、村から火難がなくなり、村人は「火防《ひぶ》せの観音様」として篤く信仰するようになりました。

寺の南西に湧いていた野井戸（清水）の水を宮中に献上。寺号の由来となりました。

ご本尊　聖観世音菩薩

ご詠歌　み仏の　功徳《くどく》ながるる　いわ清水　汲《く》みて心の　穢《けが》れ洗わん

豊臣秀頼祈願所―八十六番　観音寺《かんのんじ》（東海市）

八十五番から北西へ約二・三キロメートル、八十六番は大悲山観音寺。真言宗智山派のお寺です。

一二六六年開創と伝わる当寺は、十六世紀半ばに火災によって堂宇を焼失。一五八五年、名古屋大須宝生院の鏡融法印《きょうゆうほういん》の助力で再興。さらに豊臣秀頼の祈願所となり、一帯の五町歩を授けられて興隆。除災招福を願う参拝者が遠方からも大勢参詣したと言われています。

当地は江戸時代中期の儒学者、細井平洲の出身地。平洲は当寺の九世義観《ぎかん》法印に師事し、儒学などを修得。後に、米沢藩主上杉鷹山や尾張藩主徳川宗睦の指南役となり、尾張藩校明倫堂の督学（学長）も務めました。

ご本尊　聖観世音菩薩

ご詠歌　一心に　願ひを加家《かけ》の　観音寺　導き給《たま》へ　この世後《のち》の世

烏枢沙摩明王｜八十八番　円通寺《えんつうじ》（大府市）

八十六番から八十七番に向かいたいところですが、知多四国の場合、行程上、八十八番を先に打つお遍路さんが多いようです。しかも、その道中に五番があります。つまり、八十六番、五番、八十八番、そして八十七番という順番です。しかし、今回の紙上遍路では五番は四番の次に既に打ち終えていますので、八十八番に向かいます。

八十六番から東へ約四・六キロメートルで五番、そこから北へ約二・四キロメートル進むと八十八番、瑞木山円通寺。曹洞宗のお寺で、大府市になります。

七二九年、行基が開創。七堂伽藍を備えた古刹でしたが、天慶の乱（九三九年）と建武の乱（一三三三年）の兵火で堂宇を焼失。一三四八年、夢窓疎石が中興開山して再建。一四〇一年に現在地に移転し、今日に至っています。

寺号が「通じ」にかぶる当寺は、便秘や下の病、婦人病、安産にご利益のある烏枢沙摩《うすさま》明王のお札《ふだ》で知られています。お札を東司（便所）に南向きに祀ると、下の病に霊験があるとして信仰されています。

ご本尊　馬頭観世音菩薩
ご詠歌　慈悲深き　大師の恵み　有難《ありがた》や　今日木之山に　法《のり》の花咲く

鷲津砦―八十七番　長寿寺《ちょうじゅじ》（名古屋市）

八十八番からさらに北上、伊勢湾岸道、ＪＲ東海道本線、新幹線をくぐって進むこと約三キロメートル、名古屋市に入り、いよいよ最後の札所、八十七番は鷲頭《わしず》山長寿寺。臨済宗のお寺です。「わしづ（ず）」と聞いて「桶狭間の戦い」を連想された方は戦国史通です。「鷲津砦《とりで》」は「桶狭間の戦い」の緒戦で今川軍が陥落させた織田軍の拠点。当寺はもともと「鷲津砦」一帯にあったようです。一九七九年、「鷲津砦」周辺の公園整備に伴い、現在地に移転しました。江戸時代、

大高城主・志水忠継の母、長寿院の遺命で禅寺に改宗。その際に、寺号も長寿寺となりました。

境内には、かつて名古屋広小路にあって「夜開帳《よかいちょう》」として信仰を集めた柳薬師、住職に化けて参拝者に慕われた狐を祀る高蔵坊稲荷《いなり》があり、商売繁盛にご利益があると言われています。

知多四国はここで打ち終わり、結願《けちがん》です。ご大儀さまでした。

ご本尊　聖観世音菩薩

ご詠歌　御仏の　深き恵みに　大高の　なかき齢《よわい》も　念仏の徳

札所の宗派と本尊

知多四国の紙上遍路、お疲れ様でした。知多四国では、この後に高野山奥之院に見立てた八事山興正寺（名古屋市）や弘法山遍照院（知立《ちりゅう》市）に向かうお遍路さんも多いようです。遍照院は三河新四国の零番札所で三河三弘法のひとつです。第四章でご紹介します。

ベテランのお遍路さんは、先達《せんだつ》、権《ごん》中先達、中先達、権大先達、大先達、特任大先達と昇任していきます。納め札の色も、参拝回数によって変わります。最初は白、十回以上は緑、二十回以上は赤、三十回以上は銀、五十回以上は金、百回以上は錦です。

札所では、納経帳にご朱印を押していただきますが、二回目以降は重ね押しします。何度も重ね押しをして真朱になった納経帳は一生涯にわたって功徳の証となり、不思議なご利益、不思議なご加護にあずかると信じられています。

最多は曹洞宗

何度もご紹介しましたが、知多四国の開山は亮山阿闍梨。一八〇九年に発願し、岡戸半蔵、武田安兵衛の二人の行者とともに、十五年後の一八二四年に大願成就しました。

本四国の霊場と異なり、必ずしもお大師様ゆかりのお寺が多くはない中、亮山阿闍梨は知多半島全域のお寺に協力と参加をお願いして回ったそうです。その結果、知多四国の宗派構成は本四国とはずいぶん異なります。

本四国では八十八ヶ寺のうち八十ヶ寺が真言宗の寺院です（派は複数に分かれています）。一方、知多四国で最も多いのは、もともと愛知で勢力が強かった曹洞宗の寺院。三十五ヶ寺に及びます。次が真言宗の二十九ヶ寺、浄土宗の十一ヶ寺と続きます。詳しくは下表をご覧ください。

知多四国の宗派

宗　派	寺院数	
曹洞宗		35
真言宗豊山派	23	29
真言宗智山派	6	
西山浄土宗	7	11
浄土宗	4	
天台宗	5	6
天台宗山門派	1	
臨済宗妙心寺派	2	4
臨済宗永源寺派	1	
臨済宗天竜寺派	1	
時宗		2
尾張高野山宗		1
計		88

（注）番外・開山所10ヶ寺以外の88ヶ寺。

最多は観世音菩薩

ご本尊も本四国とは少し違います。本四国では薬師如来が二十四ヶ寺と多いのが特徴です。病気平癒を祈願するお遍路さんが多かったことを反映しています。

一方、知多四国では薬師如来は四ヶ寺。最多は観世音菩薩の三十二ヶ寺。様々な観世音菩薩を合計していますので、それぞれの観世音菩薩（例えば十一面観世音菩薩）は阿弥陀如来の十六ヶ寺に及びません。

本四国ではご本尊が弘法大師という札寺はありませんが、知多四国にはあります。七十五番、雨宝山誕生堂のご本尊が弘法大師です。

知多四国の本尊

ご本尊	数	
十一面観世音菩薩	11	32
聖観世音菩薩	10	
如意輪観世音菩薩	4	
千手観世音菩薩	3	
白衣観世音菩薩	1	
厄除聖観世音菩薩	1	
千手千眼観世音菩薩	1	
馬頭観世音菩薩	1	
阿弥陀如来		16
地蔵菩薩	4	10
延命地蔵菩薩	3	
延命地蔵大菩薩	2	
開運延命地蔵菩薩	1	
釈迦牟尼仏	5	6
華厳釈迦牟尼仏	1	
薬師如来	3	4
御湯殿薬師如来	1	
不動明王		4
無量寿如来		2
無量寿仏		2
釈迦如来		2
大日如来		2
弥勒菩薩		2
尾張不動尊		1
大通智勝仏		1
毘沙門天		1
青面金剛		1
弁財天		1
西方如来		1
前立馬頭観音		1
弘法大師		1
計		90

（注）本尊が複数の寺院が2ヶ寺あるので、合計90本尊。

第四章

三河新四国

零	遍照院	31	吉祥院	61	無量寺
1	総持寺	32	大師堂	62	観音堂
2	西福寺	33	明星院	63	千手院
3	密蔵院	34	大聖殿	64	不動堂
4	無量壽寺	35	法蔵寺	65	妙善寺
5	龍興寺	36	勝徳寺	66	観音殿
6	黄檗殿	37	法厳寺	67	太山寺
7	三光寺	38	金剛殿	68	粟嶋堂
8	護摩堂	39	快泉院	69	勝山寺
9	光明寺	40	遍照殿	70	明王殿
10	直心殿	別	妙厳寺	71	縁心寺
11	薬師寺	41	寿命院	72	輝巖殿
12	瑠璃殿	42	仏木殿	73	妙福寺
13	観音院	43	徳宝院	74	弘法堂
14	馬頭殿	44	清龍殿	75	観音寺
15	廣昌院	45	金剛寺	76	融通殿
16	金重殿	46	奥之院	77	称名寺
17	東昌寺	47	光昌寺	78	東照殿
18	大師堂	48	弘法堂	79	清浄院
19	雲龍寺	49	善応寺	80	南松殿
20	如意殿	50	厳松殿	81	海徳寺
21	大樹寺	51	薬證寺	82	大仏殿
22	成道殿	52	大師堂	83	常行院
23	九品院	53	真如寺	84	聖道殿
24	善光寺堂	54	観音堂	85	林泉寺
25	持法院	55	実相院	86	弘法堂
26	大師堂	56	行基殿	88	法城寺
27	浄誓院	57	利生院	87	天王殿
28	松本観音	58	観音堂		
29	安心院	59	覚性院		
30	金峯殿	60	法楽殿		

零…零番札所　別…別格霊場

マップ制作：©idG Inc.

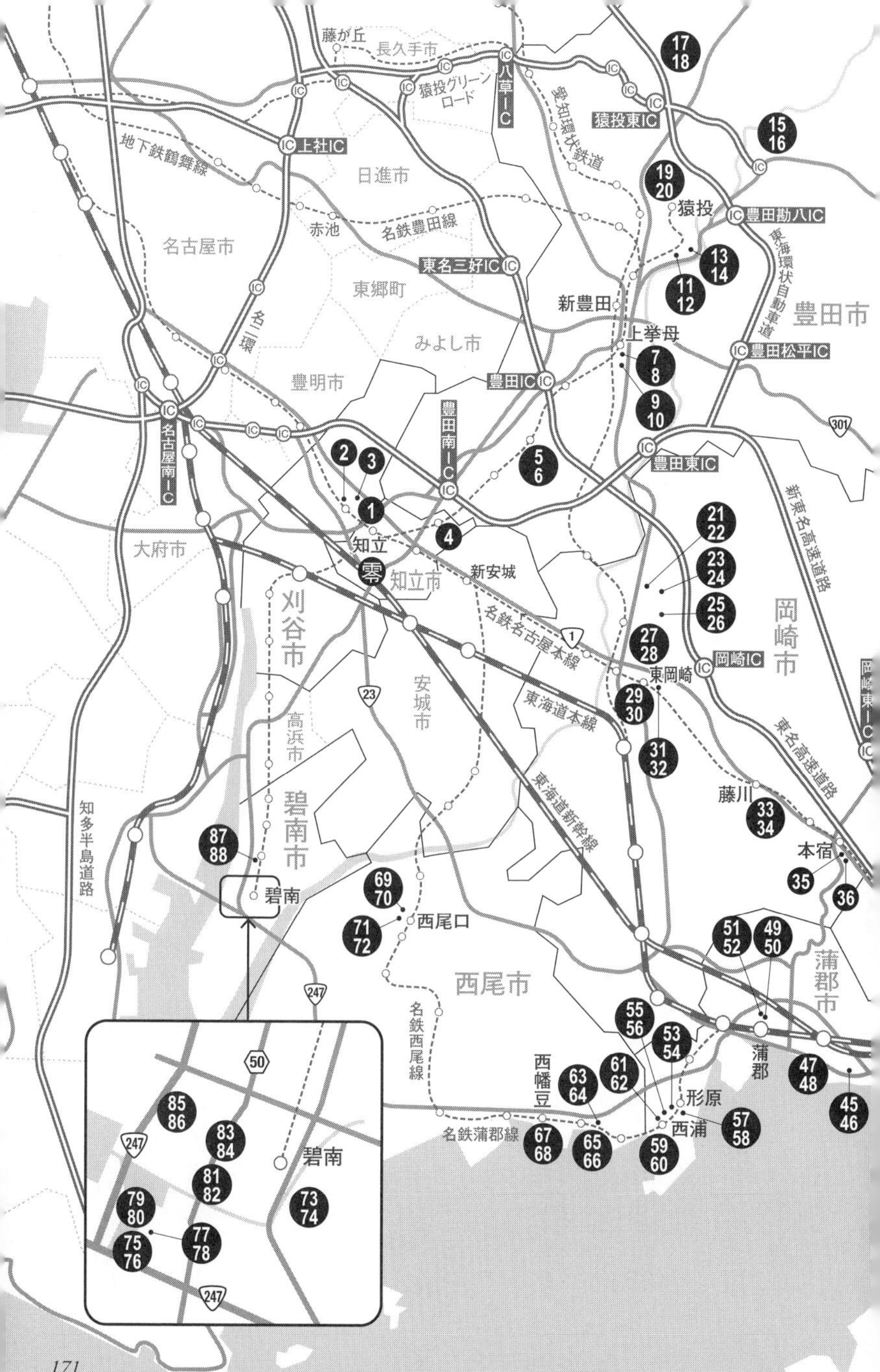
藤が丘
長久手市
猿投グリーンロード
八草IC
愛知環状鉄道
猿投東IC
地下鉄鶴舞線
上社IC
日進市
赤池
名鉄豊田線
猿投
豊田勘八IC
東海環状自動車道
名古屋市
東名三好IC
東郷町
新豊田
豊田市
名二環
上挙母
みよし市
豊田松平IC
豊明市
豊田IC
301
名古屋南IC
豊田南IC
豊田東IC
新東名高速道路
大府市
知立
零
知立市
新安城
刈谷市
名鉄名古屋本線
1
岡崎市
岡崎IC
東岡崎
岡崎東IC
23
安城市
高浜市
東海道本線
東名高速道路
東海道新幹線
藤川
知多半島道路
碧南市
本宿
碧南
西尾口
蒲郡市
西尾市
247
名鉄西尾線
50
西幡豆
蒲郡
形原
西浦
名鉄蒲郡線
1
2
3
4
5 6
7 8
9 10
11 12
13 14
15 16
17 18
19 20
21 22
23 24
25 26
27 28
29 30
31 32
33 34
35
36
45 46
47 48
49 50
51 52
53 54
55 56
57 58
59 60
61 62
63 64
65 66
67 68
69 70
71 72
73 74
75 76
77 78
79 80
81 82
83 84
85 86
87 88

本四国の三大写し霊場と言えば、小豆島（香川）、篠栗《ささぐり》（福岡）、知多（愛知）ですが、愛知における二大写し霊場と言えば、知多四国と三河新四国です。

知多四国が全国的な三大写し霊場になっているので、三河新四国より知多四国の方が古いと思っているお遍路さんも多いと思いますが、実は開創は三河新四国の方が古いのです。しかも、第五章でご紹介しますが、三河の弘法大師写し霊場は三河新四国以外にも各地に様々なものがあり、お遍路の楽しみは尽きません。

この章では、元祖三河新四国、旧三河新四国、そして現在の三河新四国をご紹介します。

開創は浦野上人

知多四国の開創は一八二四年（文政七年）、亮山阿闍梨《りょうざんあじゃり》によるものです。さて、三河新四国はどのような縁起で誕生したのでしょうか。

江戸時代のはじめ頃、西加茂郷に浦野《うらの》上人という修行僧がいました。浦野上人は何度も本四国を巡拝し、札所の砂を持ち帰りました。

浦野上人は三河一円に本四国の写し霊場を開創することを発心。各地の寺院を十年がかりで説得しましたが、宗派の違う寺院にお大師様の写し霊場をお願いするのは難儀なことだったと思います。

一六二六年（寛永二年）、浦野上人の努力が実り、元祖三河新四国が誕生。知多四国よりも約二百年古い開創です。

元祖三河新四国と旧三河新四国

江戸時代には賑わった元祖三河新四国でしたが、明治時代の廃仏毀釈の影響もあって徐々に衰退しました。しかし、寂れてしまった元祖三河新四国に転機が訪れます。

一九二七年（昭和二年）、本四国霊場会の会長であり、お大師様の生誕地、七十五番札所善通寺貫主の佐伯宥粲猊下《さえきゆうさんげいか》から弘法大師像と直伝証《じきでん》が元祖三河新四国に授与され、再興されました。再興された霊場を旧三河新四国と呼ぶこととします。

明治中頃から大正、昭和にかけて、廃仏毀釈からの仏教復興、地域振興、観光地興業などを企図して各地に本四国の写し霊場を開創する動きが広がりました。例えば、覚王山八十八ヶ所も開創は一九〇九年（明治四十二年）です。善通寺貫主をはじめ、本四国関係者、あるいは高野山関係者も、各地に写し霊場が開創されることを歓迎したのでしょう。そのひとつの手法として、本四国から直伝証を授与するということが行われたのです。しかも、元祖三河新四国は江戸時代から始まった古い歴史もあり、本四国としては直伝証を授与するのに相応しい写し霊場でした。

旧三河新四国が開創される直前の一九二五年（大正十四年）、やはり善通寺からの直伝証を契機にして知多四国直伝弘法霊場が開創されました。これは知多四国とは別の霊場で、尾張新四国（または尾張四国）とも呼ばれています。

この頃の各地の写し霊場開創の動きは、当時敷設されつつあった鉄道の沿線振興策とも密接に関係していました。旧三河新四国の場合、一九一四年開業の三河鉄道との関係です。三河鉄道は蒲郡《がまごおり》から足助《あすけ》の間を走っていましたが、旧三河新四国の札所は全てその沿線にありました。

その当時の札所を示した地図が、現在の十九番札所雲龍寺（豊田市）本堂に掲げられています。当時の雲龍寺は七十六番札所でした。雲龍寺の札所番号が変わっていることからわかるように、旧三河新四国にはさらに転機が訪れます。

一九三一年以降、満州事変、日中戦争、太平洋戦争と十五年も続く戦争の中で、この地域も戦災に遭い、東南海地震（一九四四年）、三河地震（一九四五年）にも見舞われ、お遍路をする余裕も失われ、旧三河新四国は再び下火になりました。

そして終戦。知多四国が賑わいを取り戻す一方、三河新四国のお遍路さんは絶えがちの状況でした。

現在の三河新四国

一九六〇年（昭和三十五年）、無量寺（蒲郡市）の松山孝昌《まつやまこうしょう》住職の夢にお大師様が現れ、寺に旧三河新四国の納経帳があるので、それを基に三河新四国を復活させるように告げられたそうです。驚いた松山住職が寺の経蔵を探したところ、夢告どおりに旧三河新四国の納経帳を発見。さっそく松山住職は復興に向けて活動を開始しました。

松山住職と一緒になって復興に取り組んだのは持法院（岡崎市）山川快憲《やまかわかいけん》住職、薬證寺（蒲郡市）松山祥憲《まつやましょうけん》住職。さらには、よく相談に出向いたのが三河の要の寺院であった遍照院（知立《ちりゅう》市）横井杲鍈《よこいごうえい》住職だったそうです。かつての札所の中には廃寺になった先もあり、三河一円の環境も大きく変化していましたので、宗派の異なる多くの寺院に協力を呼びかけました。

前述のとおり、旧三河新四国は大半が三河鉄道沿線の寺院。つまり、三河鉄道の沿線振興策にも一役買った配置でした。ところが、その三河鉄道も一九四一年に名古屋鉄道に吸収され、路線は三河一円に広がっていました。そうした環境変化を踏まえ、かつての三河鉄道沿線以外の寺院にも協力を呼びかけ、まさしく三河一円の寺院を説得。五年がかりでようやく各寺の足並みが揃いました。

一九六五年（昭和四十年）、ついに十一宗派寺院による現在の三河新四国が発足。晴れて再興の運びとなりました。

一六二六年（寛永二年）、一九二七年（昭和二年）に続いて一九六五年（昭和四十年）、三度目の開創を遂げた現在の三河新四国にはふたつの特徴があります。

第一に、ひとつの寺院にふたつの札所が設けられていることです。つまり、一寺院二札所。お遍路さんの負担を考えてのことだったのかもしれませんが、四十九ヶ寺で八十八ヶ所を巡礼できるようになっています。

第二に、地域ごとに札所がまとまっており、大きくは七地域です。三河三弘法で知られる知立・刈谷から始まり、豊田、岡崎、豊川と東に進み、そこから西に向かって蒲郡、西尾、そして最後は碧南と巡ります。旧猿投《さなげ》町や旧幡豆《はず》町も含まれていますが、市町村合併後の現在の自治体名で言うと、この七地域です。

知多四国と比べると、三河新四国の地域はお城などの寺院以外の史跡も多く、自然も変化に富んでいます。海を眺めながらの知多四国、史跡を訪ねながらの三河新四国。それぞれに味があります。

重原荘の知立・刈谷から豊田へ

さて、いよいよ三河新四国の紙上遍路のスタートです。まずは三河新四国の零番霊場であり、三河三弘法の一番札所でもある知立の遍照院から刈谷、豊田に向かいます。

知立市は西暦一一二年創建と伝わる知立神社の門前町（鳥居前町）として発展し、江戸時代には東海道の三十九番目の宿場町、池鯉鮒《ちりふ》宿として栄えました。

刈谷市の地域は衣浦湾の入り江の奥に位置し、山海の幸に恵まれ、古代から人が住んでいました。平安時代末期から室町時代にかけて、知立市とともに広大な重原荘という荘園を形成し、戦国時代には有力武将が勢力を競い合う要衝でした。その北東部に位置する豊田市一帯は、十四世紀に徳川家康の源流である松平八代始祖、松平親氏《ちかうじ》（徳阿弥《とくあみ》）が土着したと言われる加茂郡松平郷です。

見返弘法大師―零番　遍照院《へんじょういん》―（知立市）

知立駅あるいは三河知立駅から徒歩十五分、弘法通りを進むと左側に弘法山遍照院の山門があります。

寺には山号・院号・寺号がありますが、ここ遍照院は院号で親しまれ、三河新四国の零番霊場として知られています。真言宗豊山派のお寺です。

八二二年にお大師様が関東方面に巡錫《じゅんしゃく》する途中、当地に約一ヶ月逗留。その際、修行場として当寺を開創するとともに、出立《しゅったつ》の際に庭の赤目樫《あかめがし》の木で自身の坐像を三体刻みました。三体のうち、最も根本に近いところの木で刻まれた坐像が当寺のご本尊。別れを惜しんでやや右を向いて振り返っている姿から、見返《みかえり》弘法大師と呼ばれています。残りの二体は、二番札所（西福寺）と三番札所（密蔵院）に祀られています。

お大師様自ら建立した名刹《めいさつ》として千二百年の法燈《ほうとう》を継承。旧暦二十一日の月命日には「弘法さん」の縁日が立ちます。

ご本尊　見返弘法大師

ご詠歌　さらぬだに　竜華《りゅうげ》の春の　遠ければ　見返り給ふ　慈悲ぞ深けれ

流汗不動明王――一番　総持寺《そうじじ》（知立市）

遍照院から北上し、名鉄線を越えて約三キロメートル。一番は神路山総持寺。天台寺門《じもん》宗のお寺です。前述のとおり、一寺院二札所が三河新四国の特徴ですが、一番から四番までは一寺院一札所です。

八五〇年、慈覚《じかく》大師が開山。ご本尊の流汗《りゅうかん》不動明王は、お大師様が当地逗留の際に彫ったものと伝わります。人々の願いを叶《かな》えるために汗を流して勤行に努めるご本尊。いつしか流汗不動明王と呼ばれるようになりました。顔は黒光りし、お腹に三筋の流れる汗が見えるそうです。唐風《からふう》とも思える山門前を通るのは旧東海道。当寺はかつて、知立神社の別当寺院でした。

ご本尊　流汗不動明王

ご詠歌　総《すべ》て持て　仏の慈悲の　深ければ　此の世後《のち》の世　願う心を

見送弘法大師――二番　西福寺《さいふくじ》（刈谷市）

一番から西へ約一・五キロメートル、二番は大仙山西福寺。曹洞宗のお寺です。この辺りは知立市と刈谷市が入り組んでおり、西福寺は刈谷市です。

もともとは大仙山雲涼院と瑞雲山西福寺というふたつのお寺だったそうですが、約四百年前の戦火で焼失。両寺の山号と寺号を引き継いで再興されました。

当寺に安置されている見送《みおくり》弘法大師は、お大師様が当地逗留の際に刻んだ自身の坐像三体のうちのひとつ。したがって、当寺は三河三弘法の二番札所にもなっています。

境内から約百メートル離れた奥之院には大師井《だいしい》があり、井戸弘法と呼ばれて親しまれています。干ばつに苦しむ当地の人々を救うため、お大師様が錫杖《しゃくじょう》で掘り当てた清水です。

ご本尊　阿弥陀如来

ご詠歌　わけ登る　花の嵐の　梢《こずえ》より　一ツ木山に　月ぞかがやく

流涕弘法大師―三番　密蔵院《みつぞういん》（刈谷市）

二番から北東に約一キロメートル、三番は天目山密蔵院。当寺も刈谷市で、臨済宗のお寺です。開創は八二二年ですから遍照院と同じ。やはり、開山はお大師様です。

ご本尊の流涕《りゅうてい》弘法大師はお大師様が彫った自身の坐像三体のうちのひとつ。当寺は三河三弘法の三番札所でもあります。

二番と同様に、やはり水不足で苦しんでいる人々を救うために、お大師様が加持祈祷《かじきとう》を行うと冷水が湧き出たと伝わります。村人の苦しみにお大師様が涙したという意味でしょうか。流涕弘法大師の「涕」は「なみだ」や「水」を表す漢字のようです。

一七一四年には、木峆《もくがん》禅師によって改宗、中興されて今日に至っています。

ご本尊　流涕弘法大師

ご詠歌　あいきやうの　誓いを頼む　いちりやま　かみのかげある　寺に詣りて

かきつばた祭り｜四番　無量壽寺《むりょうじゅじ》（知立市）

三番から国道一号線を約七キロメートル東進。刈谷市から再び知立市に入ると、四番は八橋山無量壽寺。臨済宗のお寺です。開創は七〇四年ですから、お大師様が当地に逗留した時より百年以上前からの古刹です。

平安時代の歌聖、在原業平《ありわらのなりひら》が当地で歌を詠んで以来、名勝地として知られてきました。江戸時代には筑前僧の方巌売茶《ほうがんばいさ》和尚が在原業平を慕って当寺に住み、業平旧蹟の再興を願って全国を行脚。当寺の名を全国に広めました。

毎年五月にはかきつばた祭りが催され、たくさんの参拝者が訪れます。

ご本尊　聖観世音菩薩

ご詠歌　古きより　かきつの里の　無量壽寺　大師の慈悲に　人ぞ寄るなり

枝垂れ桜｜五・六番　龍興寺《りょうこうじ》（豊田市）

四番から県道十二号線を北上すること約九キロメートル。豊田市に入って最初に向かうのは五

番、鈴木《れいぼく》山龍興寺。臨済宗のお寺です。

その昔、紀州の鈴木七郎左衛門重延という人が奥州に向かう道中、脚を患って当地に定住。その後、先祖や主従の菩提を弔うために草庵を立てたのが当寺の始まり。一五五六年、熱田からやってきた南溟《なんめい》和尚が再興し、臨済宗に改宗しました。

広い石段と白の塗壁の上に建つ山門、春に咲く枝垂れ桜は見事です。境内にある黄檗殿《おうばくでん》が六番です。

ご本尊（**五番**）　聖観世音菩薩
ご本尊（**六番**）　薬師如来
ご詠歌　石段を　のぼる門に　松風の　ひらけるあしたに　龍興寺の鐘

日本三庚申―七・八番　三光寺《さんこうじ》（豊田市）

五・六番札所からさらに北上し、約十キロメートル。トヨタ自動車本社工場を横目に愛知環状鉄道沿いに進んで豊田市街に入ります。名鉄三河線の上挙母《うわごろも》駅南側の旧市街の中にあるのが七番の金谷閣三光寺。真言宗醍醐派のお寺です。

寺の縁起は、碧海郡から移された庚申《こうしん》堂をもとに一六〇〇年に金谷村の近藤何某が堂宇を建て、一六〇三年に秋応《しゅうおう》法印が開基したと伝わります。その後、一六六二年、挙母城主の三宅康勝が本堂や山門を建立しました。

ご本尊はお大師様作の庚申尊（青面金剛《しょうめんこんごう》王童子）。日本三庚申のひとつと言われ、春の初庚申大祭は参拝者で賑わいます。

因みに庚申信仰とは、庚申《かのえさる》の夜に人の体内にいる三尸《さんし》の虫が良くないことをするのを防ぐために不眠行を行う道教の慣習が仏教と結びついたものです。

八番は本堂左にある護摩堂です。

ご本尊（七番）　庚申尊（青面金剛王導士）

ご本尊（八番）　弘法大師　不動明王　薬師如来

ご詠歌　明けらく　後《のち》の仏の　御世《みよ》までも　光り伝へよ　三光《みひかり》の寺

久蔵地蔵―九・十番　光明寺《こうみょうじ》（豊田市）

七・八番から南下すること約五百メートル、九番は遍照山光明寺。浄土宗のお寺です。開創は一五七一年。挙母城主の與《よ》語久兵衛《ごきゅうべい》が、前年の姉川の戦い（織田信長と浅井長政・朝倉義景の戦い）に参戦。戦死した十六歳の甥、坂井久蔵の供養のために地蔵菩薩（久蔵地蔵）を彫り、阿弥

陀如来を安置して念仏道場を作ったのが始まりです。

開基はその與語久兵衛と矢作川の川湊を管理していた與語久三郎。ふたりは兄弟あるいは親子と伝わります。

一六四三年、教誉但順大徳《きょうよたんじゅんだいとく》が再興しました。十番は境内にある直心《じきしん》殿です。

ご本尊（九番） 阿弥陀如来

ご本尊（十番） 久蔵地蔵菩薩

ご詠歌　みほとけの　慈悲の光明《みひかり》　くまもなく　挙母の里に　照りわたるかな

万人地蔵大菩薩―十一・十二番　薬師寺《やくしじ》（豊田市）

九・十番から飯田街道（国道一五三号線）を北上すること約八キロメートル、名鉄三河線越戸駅のそばに十一番、瑠璃光《るりこう》山薬師寺があります。浄土宗のお寺です。一七五一年、尼僧《にそう》念仏道場として開創されました。

一九六六年十二月十五日、近くの越戸保育園前で居眠り運転のダンプカーによる交通事故が発生。園児・保母さん十一名が亡くなるという痛ましい事故でした。脇仏の万人地蔵大菩薩は、犠牲者を弔うために一般の方々にひと鑿《のみ》ずつ刻んでもらって奉安されたものです。

十二番はそのお地蔵様を祀る瑠璃《るり》殿です。合掌。

ご本尊（**十一番**）　薬師瑠璃光如来
ご本尊（**十二番**）　万人地蔵大菩薩
ご詠歌　よしみずの　流れも清き　やくしでら　大師はいつも　ここにまします

聖観音と馬頭観音―十三・十四番　観音院《かんのんいん》（豊田市）

十一・十二番から飯田街道沿いに約五百メートル進むと、十三番の身掛山観音院。真言宗醍醐《だいご》派のお寺です。開創は一六六五年。飯田街道に面する境内には、本堂を挟んで右に聖観音、左に馬頭観音の石仏が並び、凛とした気が漂います。十四番はその馬頭観音を祀る馬頭殿です。
ご住職自ら仏画を描き、四季の草花を描いた堂内の天井画も見事。正月の本四国お砂踏み法要は参拝者で賑わいます。

ご本尊（**十三番**）　聖観世音菩薩
ご本尊（**十四番**）　馬頭観音
ご詠歌　このきしは　越戸の里の　みかけやま　大師のおしえ　結ぶうれしさ

勘八峡から香嵐渓へ――十五・十六番　廣昌院《こうしょういん》（豊田市）

十三・十四番から約十キロメートル。飯田街道を北上し、越戸ダムや勘八峡を横目に猿投グリーンロードの力石インターチェンジの交差点を過ぎ、足助・香嵐渓《こうらんけい》方面に向かう途中の石野に十五番、金重山廣昌院があります。浄土宗のお寺です。十六番は寺内にある金重殿です。開創は一四七九年。当初は極楽山浄土院と言われたそうですが、一四八八年に現在の山号、院号に改称されたそうです。

飯田街道を挟んだ反対側には、廣昌院よりも古い一二六四年開創の楽命山如意寺（真宗大谷派）があります。山門、本堂、書院、鐘楼、大鼓楼とも見事です。勘八峡から香嵐渓に抜ける山深い街道沿いに廣昌院や如意寺が林立する風景は、かつて石野が宿場町のように栄えていた往時を偲ばせます。

ご本尊（十五番）　阿弥陀如来

ご本尊（十六番）　法誉上人

ご詠歌　勘八を　すぎし土陰に　うつせみの　まぬけはてたる　ここぞすずしき

旧三河新四国奥之院　十七・十八番　東昌寺《とうしょうじ》（豊田市）

十五・十六番から香嵐渓に向かいたいところですが、残念ながらUターン。南下して猿投グリーンロードに入ります。中山インターを降りて北上、猿投神社の大鳥居の右奥を進むと、三河新四国の最北端、十七番の大悲殿東昌寺があります。曹洞宗のお寺で、十五・十六番から約十キロメートルです。

猿投《さなげ》の地名は日本書紀に登場します。第十二代景行《けいこう》天皇に東征を命じられた大碓命《おおうすのみこと》が猿投山中で逝去と記述。景行年間は紀元前後と推定されます。そして猿投神社は第十四代仲哀《ちゅうあい》天皇元年に勅願により創建されました。

東昌寺の前身は猿投神社の神宮寺である白鳳寺。猿投山中にあり、往時は七ヶ寺三十六坊の隆盛を極めたと記される古刹。秀吉や家康にも庇護されたものの、明治維新の廃仏毀釈で廃寺となりました。

一九一八年に岡島魯宗《おかじまろしゅう》禅師が神社の鬼門除け観音像を本尊として一ヶ寺を復興。一九三二年に東昌寺として再興されました。境内や山中には、前身時代の相当古い石仏が散在します。

旧三河新四国奥之院とも伝わり、十八番は本堂南にある大師堂です。猿投山中であり、春の桜や秋の紅葉の美しさが想像できます。

ご本尊（十七番）　千手千眼観世音
ご本尊（十八番）　釈迦如来　阿弥陀仏　弘法大師　千手観音
ご詠歌　春は花　あきはもみじの　猿投山　まさしくここぞ　のりのともしび

楠木正成供養寺――十九・二十番　雲龍寺《うんりゅうじ》（豊田市）

十七・十八番から猿投インターに向かい、さらに南下。約五キロメートル進むと十九番、水月山雲龍寺。曹洞宗のお寺です。

開創は一三〇五年。寺伝によれば、楠木正成・正行親子の供養寺として建てられ、当初は多聞《たもん》寺と呼ばれていたそうですが、その後、足利勢の容喙《ようかい》を避けるために雲龍寺と改称。場所も当初は挙母城下にありましたが、水害の影響で一七〇六年に現在地に移転しました。

山門前には高さ約二メートルの立派な宝篋印塔《ほうきょういんとう》。一七五二年の一揆の犠牲者を供養しているそうです。

二十番は寺内の如意《にょい》殿。併設されている保育園・幼稚園から子供の声が響きます。

ご本尊（十九番）　聖観世音菩薩
ご本尊（二十番）　十一面観世音菩薩　如意輪観世音菩薩　延命地蔵菩薩

ご詠歌　わがおもふ　心のうちは　むつのかど　ただまろかれと　いのるなりけり

徳川家康の岡崎へ

岡崎市域は、中世の鎌倉街道、近世の東海道の宿場町として栄えました。足利氏とも関係が深く、三河武士の発祥地であり、言わずと知れた徳川家康の生誕地です。武士の攻防がこの地域の仏教史、寺院史にも深く影響しています。

徳川将軍家菩提寺　二十一・二十二番　大樹寺《だいじゅじ》（岡崎市）

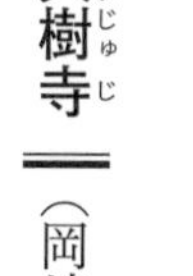

さて、岡崎市に向かいます。十九・二十番から国道二四八号線を南下、約三十キロメートル進んで岡崎旧市街地入り。二十一番は徳川将軍家菩提寺として知られる成道山大樹寺。浄土宗のお寺です。一四七五年、松平八代の四代目親忠が建立。

八代広忠の時に今川方についた松平氏。今川の人質として育った元康（のちの家康）は桶狭間の戦いに出陣。今川義元が敗れ、大樹寺に逃げ込んだ元康は先祖代々の墓前で自刃しようとしますが、住職登誉《とうよ》上人に諭されて思いとどまります。その時に登誉上人から賜った「厭離穢土欣求《おんりえどごんぐ》浄土《じょうど》」という言葉は、以来、元康（家康）の馬印《うまじるし》となりました。穢《けが》れた世を浄土にして人々を救えという意味です。

歴代将軍の等身大の位牌《いはい》のある位牌堂には、教科書などによく登場する家康の木像があります。

山門は三代将軍家光の造営。本堂から山門を通して岡崎城が直線上に一望できることで有名です。

二十二番は本堂左にある成道《じょうどう》殿です。

ご本尊（二十一番）一光千体阿弥陀如来

ご本尊（二十二番）如意輪観音　彌勒菩薩　弘法大師

ご詠歌　雨風の　あらき浮き世も　たえやすし　慈悲の大樹の　かげに宿れば

青年育成道場―二十三・二十四番　九品院《くほんいん》（岡崎市）

大樹寺門前の道を東へ約一キロメートル、二十三番は荒井山九品院。やはり浄土宗のお寺です。一八二八年、大樹寺から要請を受けて青年僧育成道場として誕生。しかし、大樹寺の塔頭寺院ではありません。

市街地の中にあるとは思えない山寺の風情を感じさせる閑静な境内です。二十四番は山門内の善光寺堂です。

ご本尊（二十三番）　阿弥陀如来

ご本尊（二十四番）　一光三尊善光寺如来

ご詠歌　みほとけに　くほんのすくい　あるなれば　よもやもれまじ　つみのこのみは

十三仏と千体弘法――二十五・二十六番　持法院《じほういん》（岡崎市）

二十三・二十四番から市街地を南下、約二キロメートル行くと二十五番、龍北山持法院。真言宗醍醐派のお寺です。急な坂を上った高台にあり、一六七三年の開創です。

ご本尊は十三仏《じゅうさんぶつ》。釈迦《しゃか》如来、文殊《もんじゅ》菩薩などの十三仏が四段に鎮座し、全体として一体の十三仏になっている珍しいご本尊です。

二十六番は本堂左側の大師堂。丈約十五センチの千体弘法が三方の壁にぎっしり祀られています。また、境内東の小山には本四国にちなんだ八十八体の石仏が安置されています。

ご本尊（二十五番）　十三仏

ご本尊（二十六番）　弘法大師

ご詠歌　阿《あ》りがたや　持法の庭に　来て見れば　法《のり》の御声《みこえ》の　絶えやらぬなり

松本観音―二十七・二十八番　浄誓院《じょうせいいん》（岡崎市）

二十五・二十六番から旧街道を南下して約二・五キロメートル進むと、旧城下町の町家の中にあるのが二十七番、松本観音浄誓院。浄土宗のお寺です。開創は一六五〇年。松本観音の呼称で親しまれている尼寺。本堂前にも松本観音と記された大提灯が吊るされています。松本観音のある松本町はかつて花町として栄え、街中にあった当寺は昔から松本観音と呼ばれて親しまれていました。

ご本尊の阿弥陀如来は鎌倉時代初期の運慶《うんけい》作と伝わります。丈約一・五メートル、眼に水晶がはめ込まれている木彫の秘仏です。

戦災で焼失したものの、一九五二年、九品院ご住職が托鉢行《たくはつぎょう》で再建。以来、九品院ご住職が当寺の住職を兼ねているそうです。二十八番は寺内にある松本観音です。

ご本尊（二十七番）　阿弥陀如来

ご本尊（二十八番）　十一面観世音

ご詠歌　清らけき　誓いの船を　まつもとの　仏あわれと　みそなわすなり

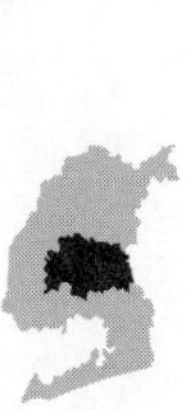

源義経と浄瑠璃姫――二十九・三十番　安心院《あんしんいん》――（岡崎市）

二十七・二十八番から約三キロメートル。再び旧街道を南下し、岡崎城を右側に眺めながら名鉄名古屋本線を越えて左に曲がり、六所神社に隣接する二十九番、金寶《きんぽう》山安心院。曹洞宗のお寺です。

当寺の前身は源義経建立の妙大寺。義経がまだ牛若丸の頃、奥州下向の折に知己となった三河国矢作宿の浄瑠璃姫《じょうるりひめ》の菩提《ぼだい》を弔うために寿永年間（十二世紀末）に建てたと伝わります。兵火で荒廃したものの、一四三九年、六名影山城（岡崎市）の城主であった成瀬国平が再興し、安心院として開山しました。成瀬氏はのちに犬山城主となります。

ご本尊は源義経が日夜拝んでいたと言われる丈約二十センチの十一面観世音の木彫坐像です。三十番は本堂左に祀る金峯《きんぷ》殿です。

ご本尊（**二十九番**）　十一面観世音

ご本尊（**三十番**）　千体地蔵尊

ご詠歌　みめぐみに　だかれやすけき　心こそ　かね宝にも　まさりこそすれ

千人塚　三十一・三十二番　吉祥院《きっしょういん》（岡崎市）

二十九・三十番から約一キロメートル東に進むと、岡崎市内を一望できる小高い山の上にあるのが三十一番、萬燈山吉祥院。真言宗醍醐派のお寺です。

この山は絵女房山と呼ばれる古戦場跡。古くから地元の人たちも立ち入らない山でしたが、毎年万灯を掲げて戦で亡くなった武士たちを供養。いつしか萬燈山と呼ばれるようになりました。

一九〇五年、英照《えいしょう》法印阿闍梨が入山。散在していた武士の骨を集めて千人塚を築き、万灯を焚いて加持祈祷、供養を続けたところ、やがて山の霊気も消え、一九〇九年に開山。加持祈祷の霊験は評判となり、遠方からも信者が集まる心通霊神根本修験道場として今日に至っています。

山は標高約五十メートル、石段を登っていくと樹木に囲まれた急な参道には石仏が点在しています。三十二番は山内にある大師堂です。

ご本尊（三十一番）　不動明王

ご本尊（三十二番）　弘法大師

ご詠歌　寺の名も　萬燈山と　たたへしを　きけばたのもし　のりのよろこび

身代り片目不動明王 ―三十三・三十四番　明星院《みょうじょういん》（岡崎市）

三十一・三十二番から国道一号線を南東方向に約十キロメートル、旧東海道五十三次のひとつ藤川宿にあるのが三十三番、法弘山明星院。真言宗醍醐派のお寺です。

ご本尊は身代り片目不動明王。当院の前身は熊野那智山の末寺としての草庵です。

その昔、徳川家康と鵜殿長持（今川方）が近くの扇子山で交戦。徳川方が劣勢の中、白衣の武将が現れて加勢し、徳川方が辛勝。しかし、その武将は今川方に片目を射抜かれてしまったそうです。家康が戦勝のお礼に戦場近くの草庵を訪れると、ご本尊の不動明王の片目がつぶれていたという逸話が伝わります。

草庵はやがて寺となり、当院が開創されたのは一六七五年。三河一円の修験者の道場として栄えました。以来、歴代の徳川将軍や各地の大名は、参勤交代の折に当院に立ち寄り、武運長久や道中安全を祈願したそうです。

三十四番は本堂左にある大聖殿、行者堂です。

ご本尊（三十三番）　身代り片目不動明王

ご本尊（三十四番）　開運厄除け弘法大師　役行者

ご詠歌　一心に　祈る心の　尊きを　不動はききて　願かなえん

近藤勇首塚｜三十五番　法蔵寺《ほうぞうじ》（岡崎市）

三十三・三十四番から国道一号線を南東方向にさらに約五キロメートル進むと、旧東海道五十三次の藤川宿と赤坂宿の間にあるのが別格三十五番、大神光二村山法蔵寺。浄土宗西山深草《せいざんふかくさ》派のお寺です。背後に二村山を擁しています。

当寺は文武天皇の祈願所として出生寺という寺号を賜っていた古刹。一三八七年、松平親氏（松平八代の始祖、徳川家康の祖先）が諸堂宇を再建した際に法蔵寺に改名しました。

徳川家康が幼少期（竹千代時代）に当寺で文字を学んでいたことから、手習い用の紙を乾かすために利用した御草紙掛松《おんそうしかけまつ》があります。

ところで、当寺には新撰組隊長、近藤勇《こんどういさみ》の首塚があります。筆者も当寺を訪問した際にそれを聞き、「どうしてかな」と不思議でした。

幕末、近藤勇は甲斐の国、勝沼で官軍に敗れて捕縛され、武蔵板橋で斬首。その首は京都三条河原にさらされました。その首をかつての同士、斉藤一（別名山口二郎）が奪い、新撰組ゆかりの宝蔵寺（新京極裏町）の称空義天《しょうくうぎてん》和尚に埋葬を頼んだそうです。同和尚はその直前に法蔵寺三十九代貫主に転任が決まっていたことから、近藤勇の首を密かに京都から当地に運び、首塚をつくって供養したそうです。

ご本尊（三十五番）　阿弥陀如来

ご詠歌　空海の　築きし庵《いおり》　二村の　大悲まします　六角の堂

賀勝軒と威徳院｜三十六番　勝徳寺《しょうとくじ》（岡崎市）

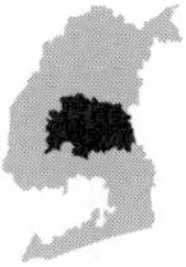

三十五番法蔵寺の山門に登る階段の下に、三十六番、二村山勝徳寺があります。やはり、浄土宗西山深草派のお寺です。

法蔵寺は別格と名のつく大寺院でしたので、かつて寺内に賀勝軒という庫裏《くり》と威徳院という別院があり、法蔵寺の住職が交替すると、前住職が賀勝軒や威徳院に移り住んだそうです。言わば隠居寺。

一九五七年、賀勝軒と威徳院が統合され、現在の勝徳寺になりました。

ご本尊（三十六番）　阿弥陀如来

ご詠歌　ありがたや　光明真言《こうみょうしんごん》　となえつつ　登りておがむ　二村の山

三河国府の豊川へ

律令制下で三河の国府が置かれたこの地域は、宝飯《ほい》郡豊川郷と呼ばれていました。中世以降は豊川稲荷の門前町（鳥居前町）として発展したほか、戦国時代は今川氏、牧野氏、松平氏、織田氏など、有力武将の攻防の中心地。歴史の要衝でした。

船山古墳｜三十七・三十八番　法厳寺《ほうごんじ》（豊川市）

三十六番から再び国道一号線に戻って南東方向に約十キロメートル、豊川市に入って追分交差点を左に進むと国府《こう》上宿の集落に三十七番、天神山法厳寺があります。真言宗醍醐派のお寺です。永禄年間（十世紀半ば）に三河太守、大江定基の祈願所として寺禄《じろく》を与えられていたそうです。

すぐ近くに船山古墳。東三河地方で最大規模の古墳であり、五世紀後半頃の築造と言われています。被葬者は明らかではありませんが、雄略天皇時代に穂国造《ほのくにみやつこ》に任命された菟上足尼《うなかみのすくね》の墓所とする説があります。因みに、穂国は邪馬台国説もある東三河にあった古代国家です。

古墳は姫街道（東海道脇往還）沿いに位置し、当地は国府、国分寺、国分尼寺が集まる律令制下の三河国中心地。かつては古墳の周りに十三ヶ寺が建ち並び、法厳寺もその一寺を縁起とするのかもしれません。

三十八番は境内の金剛殿です。

ご本尊（**三十七番**）　不動明王

ご本尊（**三十八番**）　弘法大師

ご詠歌　詣《まい》るよう　詣れる人の　神の宿　光をうくる　法厳の寺

女ぎつねのしかえし ― 三十九・四十番　快泉院《かいせんいん》（豊川市）

三十八番から姫街道を東に進むこと約五キロメートル、三十九番は小林山快泉院。真言宗醍醐派のお寺です。一六八九年の開創時は快楽寺と呼ばれた当寺は、古くから近隣集落の祈祷《きとう》所として親しまれ、江戸時代には寺子屋を開いていました。

雌狐《めぎつね》を驚かせた住職が仕返しをされる「女《め》ぎつねのしかえし」という逸話が伝わっています。

四十番は本堂南にある遍照殿です。

ご本尊（**三十九番**）　不動明王

ご本尊（**四十番**）　弘法大師

ご詠歌　野をもすぎ　林も行きて　快楽の　不動の威力　たのまぬはなし

豊川稲荷｜別格霊場　妙厳寺《みょうごんじ》（豊川市）

三十九番・四十番から南へ約三キロメートル進むと大伽藍が目に入ってきます。別格霊場、圓福山妙厳寺。豊川稲荷と呼ばれて親しまれていますが、曹洞宗の名刹です。日本三大稲荷のひとつとされ、今も門前町が健在です。広大な敷地に多くの堂宇が建つ大伽藍です。

境内に祀られる秘仏、豊川吒枳尼真天《だきにしんてん》。白狐《びゃっこ》の背に乗り、宝珠を手に稲穂を担いで岩の上を飛ぶ天女の姿から豊川稲荷の名で呼ばれるようになりました。

一四四一年、東海義易《とうかいぎえき》が開創。東海義易は幼名岩千代。鎌倉時代の禅僧、寒巌義尹《かんがんぎいん》の六世孫です。一二六七年、寒巌が宋からの帰路に吒枳尼天の加護を受けました。そのため、東海義易が妙厳寺を開創するに際し、先祖である寒巌作の吒枳尼天像を山門の鎮守として奉安。豊川稲荷の誕生です。

戦国時代には、今川義元が伽藍を整備。義元寄進の山門が今も残ります。

織田信長、豊臣秀吉、徳川家康、九鬼嘉隆《くきよしたか》など、多くの戦国武将が豊川稲荷を庇護。江戸時代には西大平藩（岡崎市）の初代藩主となった大岡忠相《おおおかただすけ》や田原藩の家老として著名な渡辺崋山《わたなべかざん》も帰依し、一八二八年には江戸大岡邸の一角に参詣所（東京別院）が創建され、現在の赤坂見附《みつけ》豊川稲荷となっています。

一八七一年、神仏分離令が妙厳寺にも及びましたが、翌年には稲荷堂をそのまま寺院鎮守として祀ることが認められました。もっとも、境内参道に立ち並んでいた鳥居は撤去され、豊川稲荷の呼称も使われなくなり、以降は豊川吒枳尼真天と号するようになります。しかし、間もなく通称として豊川稲荷と呼ぶことが復活。江戸時代に参詣目印に東海道に建立された石鳥居が一九三〇年に境内に移設され、今日に至っています。

江戸時代に全国の寺社に吒枳尼天を勧請《かんじょう》していた愛染《あいぜん》寺（伏見稲荷本願所）が廃寺になったことにより、明治以降は豊川稲荷が吒枳尼天勧請の中心的な役割を担っています。

ご本尊（**別格霊場**）　千手観音
ご本尊（**豊川閣**）　吒枳尼真天
ご詠歌　円福に　稲をせおいし　御すがたは　めぐりて祈る　心にぞ知

三河新四国最東端――四十一・四十二番　寿命院《じゅみょういん》（豊川市）

豊川稲荷からさらに約二キロメートル東進し、名鉄豊川稲荷駅とＪＲ飯田線を越え、さらに国道一五一号線を横切ると四十一番、松亀山寿命院。三河新四国最東端の霊場であり、東海道の見《み》附《つけ》宿と御油《ごゆ》宿を結ぶ姫街道沿いに建つ真言宗醍醐派のお寺です。

当地は豊川の川岸。松の大木の根元に大亀がいるのを見た尊聖上人が一四二八年に松亀山と号して開創しました。
四十二番は境内にある仏木殿です。

ご本尊（四十一番）　不動明王
ご本尊（四十二番）　弘法大師
ご詠歌　ことぶきの　命守りし　不動尊　恵みはひろき　松の亀山

三河国二葉松―四十三・四十四番　徳宝院《とくほういん》（豊川市）

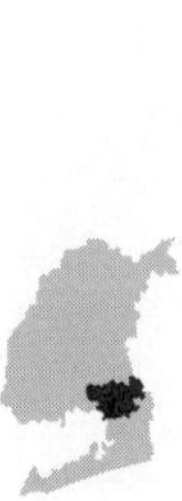

四十一・四十二番から国道一五一号線を約四キロメートル南下、城下交差点を右折してＪＲ飯田線を横切って牛久保に行くと、四十三番、宮嶋山徳宝院があります。真言宗のお寺です。一五六〇年、牛久保城主小笠原佐渡守が城の鬼門の方角（戌亥＝北西）に祈願所として堂宇を建立したのが当寺の始まりです。
ご本尊は一三九五年に作られた不動明王。寺宝に三河国二葉松《ふたばのまつ》という古門書があるそうです。天正年間（十八世紀半ば）に佐野監物（知尭《ともたか》）住職が作成したもので、三河地方の地誌、城郭、寺社仏閣、古墳などを詳しく書き残した貴重な郷土資料。是非拝見したいものです。

四十四番は本堂の左奥にある清龍殿です。
ご本尊（四十三番） 不動明王
ご本尊（四十四番） 三宝荒神　清龍権現
ご詠歌 詣るより　頼みをかくる　宮嶋の　法《のり》の光に　あうぞうれしき

藤原俊成の蒲郡へ

蒲郡市は自然も豊かで温暖な地であることから、縄文・弥生時代から人が住んでいました。平安時代に三河国司を務めた歌人藤原俊成《ふじわらのとしなり》が当地の基盤を築き、源平時代には熊野との間に海上交通も栄えた要衝です。戦国時代になると松平氏、今川氏などが攻防を繰り広げました。古くから寺社仏閣が多い地域です。

三河高野山｜四十五・四十六番　金剛寺《こんごうじ》（蒲郡市）

三河新四国最東端の四十三・四十四番から折り返し、一路西に向かいます。
国道一号線から御津《みと》を経て国道二十三号線に入り、三河湾を眺めながら西に進むこと約十五キ

ロメートル。三谷《みや》温泉を擁する乃木山にあるのが四十五番、三谷弘法山金剛寺。高野山真言宗のお寺で、三河高野山とも称されます。

蒲郡市には、三谷のほかにも形原、西浦などの温泉街がありますが、三谷は最も長い歴史を持つ愛知県下有数の古湯。行基による発見と伝えられます。

寺伝によれば、当寺の前身は大同年間（九世紀初め）に弘法大師が開創。その後、現在の金剛寺は一九三八年に名古屋の財界人滝信四郎《たきのぶしろう》が開創。前年には高さ三十メートルの弘法大師像も寄進しています。

滝信四郎は一八六八年生まれ。一八九五年に名古屋の繊維問屋・滝兵（現タキヒヨー、一七五一年創業）の五代目を継承。一九二六年には創業地（江南市）に滝実業学校（現滝学園）を創設するなど、多方面に活躍した近代名古屋を代表する財界人のひとりです。

ご本尊は本四国六十一番、香園寺のご本尊子安《こやす》大師の分身。女人《にょにん》、子供の守り本尊として信仰を集めています。

四十六番は弘法大師像近くにある奥之院です。

ご本尊（四十五番）　子安大師

ご本尊（四十六番）　毘沙門天　准胝観音　不動明王

ご詠歌　たかきより　あまねくてらす　みひかりの　大師のめぐみ　いとあらたなり

光昌稲荷｜四十七・四十八番　光昌寺《こうしょうじ》（蒲郡市）

四十五・四十六番から乃木山を下り、再び国道二十三号線を西に向かって約二キロメートル進むと、三河三谷駅南側、八劔神社のある集落の中に四十七番、海平山光昌寺があります。曹洞宗のお寺です。一〇九六年開創の古刹で、当初は天台宗でしたが度重なる兵火の末に曹洞宗になったそうです。

本堂は一九二六年に総欅《けやき》柱で再建。ご本尊は丈約八十センチの釈迦牟尼《しゃかむに》仏です。本堂の横には鳥居の朱色が鮮やかな光昌稲荷。参道には寺院では珍しい幟立石もあり、神仏習合の色濃い境内です。

四十八番は、山門を入った右側の弘法堂。ご本尊はお大師様です。

ご本尊（**四十七番**）　釈迦牟尼仏

ご本尊（**四十八番**）　弘法大師

ご詠歌　海平の　峰の松風　鐘の音も　南無や大師の　慈悲ぞこもれる

■常盤館と蒲郡ホテル

四十七・四十八番から蒲郡市街地を西に向かいます。善応寺に向かう途中、竹島と蒲郡ホテルを横目に進みます。一九一二年、三河湾の景勝地である竹島と桟橋で繋がる対岸部に料理旅館「常盤館」が創業し、当時の文豪や政財界人から人気を博しました。一九三四年には竹島対岸の小高い山に「蒲郡ホテル」が建てられました。国の近代化産業遺産に認定されており、現在も三河を代表する歴史的建築物です。

東三新四国五十八番―四十九・五十番　善応寺《ぜんのうじ》（蒲郡市）

約三キロメートル進むと、蒲郡駅の北側市街地の中にあるのが四十九番、巖松山善応寺。浄土宗西山深草派のお寺です。創建は一四五九年、慶順《けいじゅん》和尚が開創しました。江戸時代から約二百五十年建っていた木造本堂を、一九六一年、当時としては珍しい鉄筋コンクリート造りで再建。本堂内は百八十人分の椅子席が並びます。高齢者にはありがたい本堂です。

その当時の蒲郡市は温泉客や観光客の最盛期。市街地、繁華街の真ん中にある当寺の新築された本堂も、参拝者で賑わったことでしょう。

三河新四国札所案内の石柱の後ろには、東三新四国五十八番の石柱も立っています。東三新四国については第五章でご紹介します。

五十番は本堂内左側にある厳松殿です。

ご本尊（**四十九番**）　阿弥陀如来

ご本尊（**五十番**）　観世音仏

ご詠歌　こえのみず　にごれどすめど　へだてなく　だいひのつきの　てらさぬはなし

人形供養―五十一・五十二番　薬證寺《やくしょうじ》（蒲郡市）

四十九・五十番から蒲郡駅北側の市街地を北西に約二キロメートル進むと、五十一番、松全山薬證寺。真言宗醍醐派のお寺です。蒲郡の基盤を築いた藤原俊成がここに国家鎮護道場をつくったのが起源。当初の寺号は安養寺だったそうです。

寺号が変わったのは一七五一年。当地の上ノ郷城の城主が病を患い、当寺に病気快癒の祈祷を依頼。十七日間続いた祈祷の結果、無事快癒。以来、寺号が薬證寺に改められました。人形供養でも知られており、毎年三月四日には人形供養祭りが行われます。

五十二番は本堂右側にある大師堂です。

ご本尊（五十一番） 不動明王

ご本尊（五十二番） 秋葉三尺坊大権現

ご詠歌 大聖《だいしょう》の 諸病を癒す 願なれば 薬を證す 寺に祈れよ

形原温泉―五十三・五十四番 真如寺《しんにょじ》（蒲郡市）

五十一・五十二番から徐々に蒲郡駅周辺市街地を離れ西進。やがて国道二四七号線を西浦半島に向かって南下。名鉄蒲郡線を越えて大坪を左折すると形原温泉に入ります。五十一・五十二番から約七キロメートル進むと五十三番、海性山真如寺。浄土宗西山深草派のお寺です。

形原温泉は天正年間（十六世紀後半）に補陀《ほだ》寺の祖丘《そきゅう》禅師が夢のお告げによって湯を掘り当てたと伝わります。その後涸渇したものの、一九四五年の三河地震の影響で再び湧出しました。温泉旅館が増えたために再度枯渇したものの、一九九八年、海岸から内陸に一・五キロメートルの原山の地下で湯脈が発見され、今日に至っています。

当寺の前身は佐久島の西にあった寺島という小さな島にあった草庵。寺島は波に削られ、今はほとんど見えないそうです。一四六七年に幡豆郡山口郷に移転。火災に遭ってさらに移転して当地に落ち着きました。

九代住職聴覚《ちょうかく》上人の時に当地の有力者、松平庄右エ門が諸堂を寄進。末寺、檀家の多い三河の大伽藍になったそうです。
夏に訪ねた際には、境内に数えきれないほど多くの美しい風鈴が飾られていました。お盆の行事だったのでしょうか。五十四番は本堂南側にある観音堂です。

ご本尊（五十三番）　阿弥陀如来
ご本尊（五十四番）　子安観世音菩薩
ご詠歌　ご霊場　めぐりかさねて　形原寺　真如《しんにょ》の光　いとどさやけき

行基山　五十五・五十六番　実相院《じっそういん》（蒲郡市）

五十三・五十四番から集落の中を抜けて約百メートル南に進むと、五十五番、行基山実相院。浄土宗西山深草派のお寺です。遠くに形原の海が見下せる小高い丘の上にあります。
天平年間（八世紀半ば）に諸国行脚した行基が巡錫、逗留。仏法有縁《うえん》の地と感得して当地に小堂を建て、小高い丘は行基山と呼ばれるようになったそうです。
時代は下って一五一〇年、形原城主松平光重の四男実長が、五十三番札所の真如寺二世誉月《よげつ》和尚の下で得度。名を暁誉《ぎょうよ》と改め、行基山に当寺を建立。当初は長福寺と言われたそうです。

形原城は江戸時代初期に当地に形原藩が置かれた時の居城。浜の名に因んで稲生《いのう》城、あるいは海に囲まれていたことから海岩城とも呼ばれたそうです。今川氏、松平氏の興亡に翻弄されたお城でした。

五十六番は本堂西側にある行基殿。一九三三年、ご本尊の日限《ひぎり》地蔵に願掛けした村人の眼病が平癒。その御礼の額が奉納されています。

ご本尊（**五十五番**） 阿弥陀如来

ご本尊（**五十六番**） 日限地蔵大菩薩

ご詠歌 石段を 登るえにしの 行基山 大師をおがむ 心なりけり

形原城主祈願所―五十七・五十八番 利生院《りしょういん》（蒲郡市）

五十五・五十六番から集落の中を西に進むこと約一キロメートル、名鉄蒲郡線を越えると五十七番、上野山利生院。浄土宗西山深草派のお寺です。

五十三番真如寺、五十五番実相院と同様、利生院も形原城と因縁の深いお寺です。

形原城は江戸時代初期に当地に置かれた形原藩の居城。一五六〇年、桶狭間の戦いの後に形原松平氏は今川氏から離反。岡崎城に帰参した元康（のちの家康）に従ったため、これに怒った今《いま》川氏真《がわうじざね》が人質にとっていた形原城主松平家広の妻子を城から見下ろせる稲生浜で処刑するという悲しい出来事もありました。

一五七四年、当寺を建立したのは形原城主松平家忠。開山者の智巌《ちごん》法印は家老・松平藤兵衛の次男であり、城主の祈願所として開創されました。

一五九〇年、城主松平家信は家康の関東移封に従い、形原を離れて関東上総国五井《ごい》（現在の千葉県市原市）に移ったものの、関ヶ原の戦い後の一六〇一年に居城を形原に戻し、旗本となりました。

一六一九年、家信は丹波篠山、摂津高槻城に移封となって形原を再び離れることとなり、形原城も廃城。本丸のあった丘の峰には、地元の稲荷大社が建てられました。その際、城の守護仏である聖観世音菩薩が当寺に移されました。このほかにも、当寺には形原城ゆかりの遺物や逸話がたくさん伝わります。

境内は高台にあり、城跡の小高い丘と海が南に百五十メートルの位置に見えます。五十八番は本堂西側にある観音堂です。

ご本尊（**五十七番**）　阿弥陀如来

ご本尊（**五十八番**）　聖観世音菩薩

ご詠歌　ただたのめ　たのむこころの　まことより　ほとけのりしょう　ありがたのはら

西浦温泉｜五十九・六十番　覚性院《かくしょういん》（蒲郡市）

五十七番・五十八番から海を左手に眺めながら南下すること約二キロメートル、西浦駅から南に百メートルの住宅街の中にあるのが五十九番、神田山覚性院。浄土宗西山深草派のお寺です。西浦温泉は三河湾に突き出た西浦半島一帯に湧出。かつては「東海の熱海」の異名を持ちました。西浦半島一帯は古くは万葉の地として歌垣《うたがき》にも選ばれていますが、温泉の歴史は新しく一九五三年の開湯。二〇〇六年に開湯五十周年を記念して、西浦温泉の温泉街の各所に七福神像が置かれました。

覚性院は一六五〇年の開創。当初は西浦半島寄りの知柄《ちがら》地区にありましたが、一九〇五年、念《ねん》仏観逸《ぶつかんいつ》上人によって現在地に移されたそうです。寺号は法楽寺。六十番は本堂内左側にある法楽殿です。

ご本尊（五十九番）阿弥陀如来

ご本尊（六十番）善光寺如来　薬師如来

ご詠歌　みひかりや　西浦さとに　かがやきて　朝な夕なに　法楽の声

癌封じ寺　六十一・六十二番　無量寺《むりょうじ》（蒲郡市）

五十九・六十番から名鉄西浦駅を越えて北に約二百メートル進むと、六十一番、西浦山無量寺。真言宗醍醐派のお寺です。九五一年開創の古刹。西浦不動、癌封じ寺の名で知られるお寺であり、松山孝昌住職は現在の三河新四国の復興発願者です。

境内に中国の敦煌《とんこう》、洛陽《らくよう》、蘭洲《らんしゅう》などの石窟寺院をモデルにした珍しい「千仏洞《せんぶつどう》めぐり」があります。この洞窟めぐりは、ほの暗い通路の壁面に千体の石仏を配置し、洞窟の奥にはガンダーラの仏や大きな大日如来座像が安置されています。

天然記念物に指定されているお大師様お手植えの大楠《おおくす》の横には、朱塗りの癌封じ堂があり、平癒祈願の絵馬がたくさん奉納されています。

参道には身代わり滝不動。また、高さ二十メートルの日本大雁塔《だいがんとう》は玄奘《げんじょう》三蔵ゆかりの中国西安《せいあん》の大雁塔を三分の一に復元したものです。六十二番は境内西側にある観音堂です。

ご本尊（六十一番）　不動明王

ご本尊（六十二番）　聖観世音

ご詠歌　厄除《やくよ》けと　ガン病封じの　ぐわんなれば　不動たのもし　西浦の里

三河の小京都、西尾へ

二〇一一年に旧幡豆町、旧一色町、旧吉良町を合併した西尾市は抹茶の産地、三河の小京都として知られています。平安時代には吉良荘が置かれ、その後は足利氏、吉良氏、今川氏、松平氏などの武士勢力が攻防を繰り広げた要衝です。三河最古の塩田を擁し、西尾の塩は足助街道や三州街道で遠く信州塩尻宿まで運ばれていました。

朝姫―六十三・六十四番　千手院《せんじゅいん》（西尾市）

六十一・六十二番から左手に時々三河湾を眺めながら西進すること約五キロメートル、六十三番は中尾山千手院。真言宗醍醐派のお寺です。開創は一四四六年。寺伝によれば、ご本尊の千手観音は紀伊の国ゆかりの仏像です。

在郷の土豪、中尾《なかお》金重《かねしげ》が幡豆の海に漕ぎ出た際に、眼前に現れた光輝く千手観音を抱く貴人から「この地に千手観音を守護せよ」と告げられ、同じ頃、幡豆海岸に漂着した紀伊若松城主の三女朝姫が護持していた千手観音を祀ったと伝わります。その朝姫が榊原坊甚光尼《じんこうに》と改名して小庵を結び、精舎《しょうじゃ》を開創したのが当寺の始まりです。

その後廃絶しましたが、一九二七年に西浦覚念《にしうらかくねん》法印が中興し、今日に至っています。六十四番は境内西奥にある不動堂です。

ご本尊（六十三番） 千手観音
ご本尊（六十四番） 地蔵菩薩　不動尊
ご詠歌 ありがたや　千手の光　ありければ　おのが願いも　かのうなりけり

かぼちゃ寺　六十五・六十六番　妙善寺《みょうぜんじ》（西尾市）

六十三・六十四番から集落を海の方に進み、東幡豆駅を超えて海岸に向かうこと約七百メートル。六十五番は性海山妙善寺。三河新四国の名物札所のひとつで、浄土宗西山深草派のお寺です。別名「幡豆観音」。

天平年間（八世紀半ば）に行基が開基したと伝わる古刹。行基は東大寺の勧進聖《かんじんひじり》。大仏建立の寄進を全国に募る責任者でしたから、海山の幸に恵まれた豊かな当地に逗留したことは想像できます。天文年間（十六世紀半ば）に利春僧都《りしゅんそうず》が西林寺として再興。その後、寛政年間（十八世紀末）に梅翁恵秀《ばいおうえしゅう》上人が妙善寺と改称したそうです。

境内には、岩石で極楽浄土を表した回遊庭園「開八園《かいはちえん》」や徳川家康が戦で傷を負った際に命をつないだ「延命水」などがあります。
脇仏の十一面観音は中風を治すご利益《りやく》があると伝わることから、当寺は別名「中風除《よ》け寺」。毎年一月十八日の中風除けの大根炊きは有名です。

寺院と地域の振興のために一九九〇年から始まったかぼちゃ（南瓜）サミット。かぼちゃは米大陸が原産地ですが、幡豆は伝来の地と言われています。おそらく、海に流れ着いたのでしょう。毎年秋には全国から多数のかぼちゃが当寺に送られてきて、品評会が行われます。そのため、「かぼちゃ寺」としても親しまれています。

いろいろな別名のある妙善寺。六十六番は観音殿（幡豆観音）です。

ご本尊（六十五番）阿弥陀如来

ご本尊（六十六番）十一面観音

ご詠歌　上州の　山よりいでて　観世音　磯うつ波に　光かがやく

三ヶ根山観音堂―六十七・六十八番　太山寺《たいさんじ》（西尾市）

六十五・六十六番からさらに西進すること約三キロメートル。西幡豆駅手前を左折して海に向かう途中にあるのが六十七番、薬王山太山寺。真言宗醍醐派のお寺です。開創は七二四年の古

刹。やはり、行基の開創と伝わります。その後、在郷の領主、小笠原摂津守が城の鬼門除けとして当寺に祈願所を建立。向かい側の山には城跡が残っているそうです。

太山寺は古《いにしえ》より多数の飛び地、別堂を有しています。そのため、別堂のお世話が大変ですが、三ヶ根山頂の観音堂もそのひとつ。さらに六十八番も別堂のひとつ。境内から三ヶ根山の方向に約百五十メートル先にある粟嶋《あわしま》堂が六十八番です。

三ヶ根山は三河湾国定公園にある標高三二一メートルの山。西尾市、蒲郡市、幸田町の境にあります。意外に知られていませんが、東京裁判でA級戦犯になって処刑された七人の墓所があります。

ご本尊（**六十七番**）　薬師如来

ご本尊（**六十八番**）　粟嶋尊天

ご詠歌　白波に　うかぶ小船も　帆をさげて　薬師の利益《りやく》　受けによるらん

■ 足利宗家と吉良荘

六十九番に向かう前に、この地域の歴史を散策しましょう。古代においては熊来郷《くまくごう》と呼ばれていたこの地域。十六世紀頃に西尾という地名が文献に登場します。

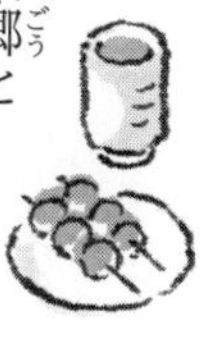

この地域は豊かであったことから、平安時代に吉良荘という荘園が置かれます。江戸時代の赤穂浪士事件に登場する吉良上野介《きらこうずけのすけ》（吉良義央《よしなか》）の領地は当地です。吉良姓は吉良荘に由来します。歴史は常に偏った伝わり方をします。赤穂浪士事件でイメージが固定化している吉良上野介は地元では名君として語り継がれています。

赤穂浪士事件から遡ること約五百年、鎌倉時代には矢作川の両岸は西条と東条と呼ばれ、足利宗家三代の足利義氏が西条城と東条城を築き、庶子である長氏と義継を吉良姓を名乗らせて城主に任じたことから吉良氏が発祥しました。

吉良氏はやがて今川義元の配下になりましたが、桶狭間の戦いで義元が没すると、岡崎城の松平元康（のちの徳川家康）から攻められ、元康家臣の酒井正親が西条城を奪い、西尾城と改称しました。酒井正親は、元康家臣団の中で初めて城主に任命された武将です。

西尾城は「鶴城」「鶴ヶ城」「錦丘城」など、多くの別名を持つ名城です。

江戸時代には西尾藩となり、藩主は初代の本多氏から、松平氏、太田氏、井伊氏、増山氏、土井氏、三浦氏、松平氏と移り変わり、三浦氏の時代に建てられたのが六十九番の勝山寺です。

西尾城主念持仏――六十九・七十番　勝山寺《しょうざんじ》（西尾市）

六十七・六十八番から名鉄蒲郡線を越えて北上。やがて名鉄西尾線も横切りながら北に進むと約十六キロメートル。西尾市旧市街に入り、西尾駅の西側の住宅や商店が立ち並ぶ中にあるのが六十九番、泰涼山勝山寺。真言宗醍醐派のお寺です。

西尾城下にある勝山寺。一七四八年、当時の西尾城主は三浦義理。所替え（幕府の命令による言わば転勤）の夢を見て、この地に残りたいと思った義理が鬼門除けのために城下に建てたのが始まりです。江戸幕府は大名の勢力を削《そ》ぐために、頻繁に所替えを命じました。所替えに翻弄された当時の大名心理が垣間見える勝山寺の縁起です。

七年後の一七五五年、現在地に移築されたそうです。代々の西尾城主が念持仏として信仰した不動明王がご本尊になっています。

七十番は本堂左奥の明王殿です。石仏が並ぶ参道を巡るとお砂踏みができます。

ご本尊（**六十九番**）　不動明王

ご本尊（**七十番**）　弘法大師

ご詠歌　身の中の　悪《あ》しき非行《ひぎょう》を　打ちすてて　みな勝山を　望み祈れよ

釈迦涅槃絵図　七十一・七十二番　縁心寺《えんしんじ》（西尾市）

六十九・七十番から旧市街を約五百メートル西に進むと七十一番、梅香山縁心寺。浄土宗のお寺です。

一六〇二年、初代西尾藩主の本多康俊が、実父であり徳川家康の重臣であった酒井忠次追善のために建立しました。寺号は実父の戒名（高月縁心大居士）に因んで縁心寺となりました。

一六一七年、康俊は近江膳所《ぜぜ》藩初代藩主として所替えになり、寺も近江に移りました。

しかし、四年後の一六二一年、康俊が逝去。康俊を慕う当地の人々が供養のために現在地に同名の寺を建立。康俊の戒名（梅香院殿英誉輝巌縁崇大居士）に因み、院号は梅香院となりました。

一八六九年、地元絵師によって描かれた巨大な釈迦涅槃《ねはん》絵図、地獄大絵図が本堂内に奉じられているほか、内陣には阿弥陀如来とびんずる尊者、境内には青銅の大地蔵尊が祀られています。

七十二番は、本堂内の輝巌殿。浄土宗の寺院であり、法然上人の三河二十五霊場十四番札所でもあるため、弘法大師像は本堂内の右隅に静かに奉安されています。

ご本尊（七十一番）　阿弥陀如来

ご本尊（七十二番）　弘法大師

ご詠歌　名にしおう　実りの里に　この花を　香れる山の　奥ぞゆかしき

大浜寺町の碧南へ

碧南市に入ります。律令時代の碧海郡の南部地域であったことから碧南という地名がつきました。古くは大浜郷と呼ばれ、衣浦湾に面して大浜湊を擁した海上交通の要衝として栄えました。衣浦湾、知多湾の対岸は、知多四国の半田市と武豊町です。

棚尾の毘沙門天｜七十三・七十四番　妙福寺《みょうふくじ》（碧南市）

七十一・七十二番から西に向かうこと約八キロメートル。県道四十三号線を進んで矢作川に架かる棚尾橋を渡ると碧南市に入ります。毘沙門という地名の交差点近くにあるのが七十三番、多聞山妙福寺。浄土宗西山深草派のお寺です。

碧南の中心部、大浜に入る前のこの地域。一六二五年頃に大浜村の一部が棚尾村となって分かれました。天台宗の古刹であったようですが、一五九〇年に月翁清白《げつおうせいはく》上人によって改宗。現在に至ります。

毘沙門堂に祀られる毘沙門天《びしゃもんてん》像は、八五一年に大和国から当地に荘園管理者として赴任してきた志賀左衛門の護持仏です。左衛門に由来して、この辺一帯は志賀屋敷と呼ばれていましたが、当地の地名は今でも志賀町です。

毘沙門天像は聖徳太子作と伝わり、代々の住職も一代一回限りしか開帳できない秘仏。棚尾の毘沙門天として親しまれています。

七十四番は本堂西の毘沙門堂と弘法堂です。妙福寺は三河七福神のひとつでもあります。

ご本尊（七十三番） 阿弥陀如来

ご本尊（七十四番） 志貴毘沙門天王　弘法大師

ご詠歌 碧海《へきかい》の　緑の海は　にごれども　祖師のひろめし　みのりよどまず

■ 大浜寺町と大浜騒動

さて、七十三・七十四番から大浜港に向かって約二キロメートル。だんだんと潮の香りが濃くなる中、いよいよ大浜の中心部に入ります。

七十五番から八十六番霊場が密集する中心部は「大浜寺町」と呼ばれています。札所巡りをする前に大浜の歴史に触れておきましょう。

衣ヶ浦と呼ばれた海に突き出す半島状の地形。南の先端は尖った権現崎、東は入江の東浦、西は遠浅の海に大きな砂浜が広がる大浜。古くは南北朝の頃から三河随一の湊（港）であり、海上交通の要衝として発展しました。

一五五九年、松平元康（のちの徳川家康）が大浜郷七ヶ寺に朱印地を与え、一五七六年には羽城を築城しました。その結果、大浜はさらに発展し、江戸時代には上方（大坂）への中継地、尾張廻船の拠点として知られていました。

江戸時代の大浜は、幕府領、西尾藩領と変遷した後、一七六八年、田沼意次《たぬまおきつぐ》の側近、水野忠友《みずのただとも》が大浜藩を立藩。しかし、一七七四年に忠友が駿河沼津藩に所替えとなったのを機に、大浜藩は廃藩。そのまま沼津藩領となって幕末に至りました。

一八七一年に起きた大浜騒動にも触れておかなくてはなりません。騒動の起きた地名や原因となった藩を冠し、鷲塚騒動とも菊間藩事件とも言われます。

大浜は重要な海運拠点であったために他藩の出張所も置かれ、鷲塚を含む地域は上総国（現在の千葉県）菊間藩が実質支配していました。菊間藩から大浜に赴任してきた服部純は、明治政府の廃仏毀釈の方針に従い、支配下の寺の合併を推し進めようとしました。この服部の方針に二ヶ寺（西方寺、光輪寺）が応諾しましたが、こうした動きが広まることを懸念した他の寺が反発。

「菊間藩がヤソ（当時のキリスト教の呼び方）を推奨する」とか「神前念仏が禁止される」との噂が広がり、真宗大谷派三河護法会を中心とした人々が西方寺と光輪寺を糾弾するに及び、僧、門徒、農民と菊間藩役人との間で騒動が発生。菊間藩の役人のひとりを暴徒が暴行し、殺害。急報を聞いた菊間藩は藩兵を派遣。隣接する西尾藩や重原藩も菊間藩を支援したことで、暴動は収束しました。

暴動の主導的役割を果たした僧や役人殺害に関与した暴徒数百名が捕らえられ、二人が斬罪に処され、多くの人が罪人となりました。のちに本山より菊間藩に送られた書簡には、「末寺の心得違いにより不始末の挙動に至った」として寛大な処置を願い出ています。出張民部省の刑罰申付書にも「僧たちが時局の変動を知らずに騒動に及んだ」と記されています。

小豆観音｜七十五・七十六番　観音寺《かんのんじ》（碧南市）

七十三・七十四番から再び県道四十三号線を西に約一キロメートル進むと大浜漁港。大浜の中心部です。

港橋を左折して渡ると昔からの集落の密集地。橋の南東角にある旧大浜警察署の往時を偲ばせるモダンな建物を横目に南下。集落の中に入っていくこと約五百メートル、七十五番は融通山観音寺、信貴山《しぎさん》真言宗のお寺です。途中、七十七番・七十八番東照山称名寺や七十九番・八十番南松山清浄院の前を通っていくため、逆打ちした方がよいというお遍路さんもいますが、とりあえず番号通りに南から北上します。

観音寺は一九五五年開山の新しいお寺です。開山は大竹清信尼《おおたけせいしんに》。

清信尼さんのご主人は日露戦争に出征。何度も戦死しかけたそうですが、その都度九死に一生を得て無事帰国。清信尼さんは、ご主人が護持仏としてお守りにしていた丈わずか三センチメートルの小豆《こまめ》観音のおかげと感得。小豆観音を奉安するために当寺を開山したそうです。本堂には丈約四十センチメートルの護持仏と同じ像を彫って祀ってあります。

七十六番は本堂内にある融通《ゆうずう》殿です。

ご本尊（七十五番）　聖観世音菩薩

ご本尊（七十六番）　如意宝生尊

ご詠歌　大竹の　葉末に宿る　月かげは　みだの心に　白玉と知れ

■松平八代と徳川家康

徳川家とゆかりの深い七十七番に向かう前に、徳川家の歴史を少し振り返っておきます。

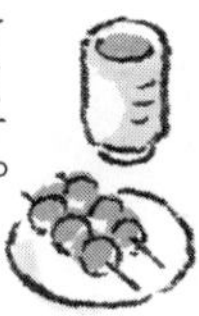

徳川家康の祖先は松平八代ですが、その始祖（初代）は親氏。もともとは源氏の流れを引く武士のようですが、十四世紀に戦に敗れて出家し、時宗の流浪僧徳阿弥《とくあみ》と称していました。徳阿弥

は三河に来て大浜や矢作などを経て加茂郡松平郷（豊田市）に至り、郷主松平太郎左衛門信重の娘婿となったのが松平八代の始まりです。

七代清康は三河から尾張に勢力を伸ばしましたが、尾張遠征中の一五三五年、織田方と内通していた家臣に突如殺されました（森山〈守山〉崩れ）。享年二十五歳。

息子の八代広忠は家督争いの末に岡崎城を追放され、流浪の身となりました。十歳の時です。伊勢神戸（鈴鹿市）、遠州縣塚、形ノ原などを転々とした後、駿府の今川義元の後ろ盾もあって十五歳の時に岡崎城に帰城しました。広忠は家康の父です。次に訪れる七十七番称名寺で行われた連歌会で広忠が詠んだ「周《めぐ》りは広き園の千代竹」の句から家康の幼名「竹千代」が生まれたと伝わります。

一五四九年、広忠は父と同じく、織田方と内通していた家臣に突如殺されました。享年二十四歳。竹千代五歳の時でした。広忠死後は今川勢が岡崎城に入り、竹千代は駿河の人質となりました。ここから先の竹千代（のちの松平元康、徳川家康）の人生はよく知られています。

大浜東照宮―七十七・七十八番　称名寺《しょうみょうじ》（碧南市）

七十五・七十六番から大浜の集落を北上します。来た道を戻ること約百メートル、七十七番は東照山称名寺、時宗のお寺です。開創は一三〇二年の古刹。戦国時代から江戸時代にかけて徳川家との関係が深くなったお寺です。

称名寺には松平八代の始祖、親氏の古墓があります。徳川家菩提寺の岡崎大樹寺にも松平八代の墓所がありますが、これは家康が一六一五年に建立したものです。

当寺には、六代信忠の息女（家康の大伯母）の念持仏《ねんじぶつ》であった聖《しょう》観世音菩薩も祀ってあります。六代信忠は一五二三年、弱冠十三歳の嫡男七代清康に早々と家督を譲り、大浜郷に隠居しました。信忠三十三歳の時です。

松平八代、徳川家とゆかりの深い称名寺の境内には、大浜東照宮もつくられました。七十八番は本堂西側にある東照殿です。

ご本尊（七十七番）阿弥陀仏

ご本尊（七十八番）弘法大師

ご詠歌　しんごんの　教えをひろむ　大師をば　念じて道を　さとるなり

前田利家―七十九・八十番　清浄院《しょうじょういん》（碧南市）

七十七・七十八番から集落の中を北上。途中、樹齢三百年の大銀杏《いちょう》がある本伝寺の前を通って

約百五十メートル進むと七十九番、南松山清浄院。浄土宗のお寺です。

一三三四年創建の古刹です。山門を入った右側に、加賀百万石の藩祖、前田利家の先祖のお墓があることで知られています。利家は尾張国荒子村（現在の名古屋市）の荒子城主前田利春の四男です。その祖先のお墓が当寺にあるということは、前田氏の元々の系譜は大浜辺りなのかもしれません。

それぞれ五輪塔ですが、高さ六十センチメートルが二基、八十センチメートル、九十センチメートルが各一基。今も手厚く供養されています。

八十番は山門を入って右にある南松殿です。

ご本尊（**七十九番**）　阿弥陀如来
ご本尊（**八十番**）　弘法大師
ご詠歌　きよき寺　真心こめて　拝む人　利益《りやく》めでたし　南無大師さま

大浜大仏―八十一・八十二番　海徳寺《かいとくじ》（碧南市）

七十九・八十番から約二百メートル、北上して再び旧大浜警察署の前を通って港橋を渡ると右側にあるのが八十一番、南面山海徳寺。浄土宗西山深草派のお寺です。かつては徳川家ゆかりの

御朱印寺でした。

一八六九年、廃仏毀釈の影響で、伊勢神宮神領内の菩提山神宮寺の仏像約六十体が廃されそうになった際、海徳寺二十二代住職寂空和尚がそれらを救済するために譲り受け、伊勢から海路大浜に運んだそうです。その中の丈約二・八メートルの大仏（阿弥陀如来）が現在のご本尊。愛知県一の大きさで「大浜大仏」と呼ばれて親しまれており、国の重要文化財です。

山門には丈二・二メートルの金剛力士像二体。八十二番は本堂内にある大仏殿です。

ご本尊（**八十一番**）阿弥陀如来
ご本尊（**八十二番**）阿弥陀如来
ご詠歌　大仏の　慈悲の御手に　導かれ　今日も詣でぬ　大浜の里

■永井直勝と宝珠寺

大浜では、番外四ヶ寺と三河新四国六ヶ寺で「大浜十ヶ寺巡り」を行っています。海徳寺の裏にある宝珠寺もそのひとつ。曹洞宗のお寺です。

天文年間に松平氏・徳川氏の家臣、長田重元は、織田氏に対抗するためこの地に羽城築城を命じられ、合わせて城の鬼門の方角に宝珠寺を建立しました。本能寺の変の折、堺にいた家康は伊

賀越えで畿内から脱出。伊勢から海路三河に戻った家康一行を、船を出して迎え入れたのが重元です。

重元の次男である永井直勝は当寺で生まれました。直勝は、小牧・長久手の戦いや大坂の陣などでの武功で知られる武将。上野小幡藩主、常陸笠間藩主、下総古河藩初代藩主を務めた永井家初代です。

医聖と呼ばれた永田徳本《とくほん》は重元の兄弟。徳本の遺徳を偲んで境内には徳本稲荷を祀り、「トクホンサン」の愛称で親しまれています。

のちの子孫に、作家の永井荷風、三島由紀夫、狂言師の野村萬斎などがいるそうです。

■清沢満之と西方寺

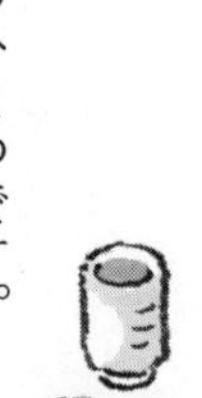

海徳寺から八十三番に向かう途中にある西方寺も「大浜十ヶ寺巡り」のひとつです。

鎌倉時代に棚尾村に創建された寺が一四九六年、現在地に移され、西方寺と改称されました。

二十八世住職に親鸞、蓮如の血筋を継ぐ慈寛《じかん》を迎え、以来現住職までその系譜が受け継がれているそうです。

寺内の太鼓堂は明治時代初期の校舎。碧南の学校教育発祥の地です。また、源義朝を美浜法山寺（知多四国五十五番）の湯殿で討った後に棚尾に逃れてきた長田一族の刀剣など、数多くの寺宝を有します。

西方寺は清沢満之《きよざわまんし》（一八六三～一九〇三年）終焉の寺としても知られています。満之は明治時代に活躍した真宗大谷派の僧、哲学者、宗教家です。尾張藩士の子として誕生。明治維新後の一八七八年に得度して真宗大谷派の僧となり、東本願寺育英教校に入学。一八八七年には東京帝国大学文学部哲学科を首席で卒業した俊才です。

哲学館（東洋大学）創設時の評議員や教員、京都府尋常中学校の校長等を務める中、縁《えん》あって当寺の清沢やす子と結婚し、清沢姓になりました。

やがて制欲自戒生活を始め、黒衣《こくえ》黒袈裟《げさ》姿で、食膳は麦飯一菜、酒はもちろん茶すら飲まず、白湯もしくは水のみを飲用。自戒生活の中で体得した哲学的思考やそれに基づく著書は海外でも評判になりました。

東本願寺における近代的な教育制度や組織の確立を期して数々の改革を建議し、しばしば宗門と対立したものの、その識見、能力は優れ、真宗大学（大谷大学）初代学監（学長）も務めました。一九〇三年、肺結核が悪化し、改革の志半ばにして当寺で逝去。享年三十九歳でした。

生前、鈴木大拙《すずきだいせつ》に高く評価されていた満之でしたが、早逝したこともあり、長らく忘れ去られた存在でした。しかし、一九六五年の「中央公論」座談会「近代日本を創った宗教人百人を選ぶ」で司馬遼太郎《しばりょうたろう》が満之を取り上げたことからその名が知られ、やがて岩波書店から満之の全集が発刊されるに至りました。

満之は、正岡子規、夏目漱石等、同時代の多くの人に影響を与えたと言われています。当寺に隣接して清沢満之記念館が設けられています。

■藤井達吉と九重味淋

「大浜寺町」には、札所の他にもいくつかご紹介したい先があります。それらを含む全体で「大浜寺町」が独特の雰囲気を醸し出しています。

八十一番・八十二番から北上して八十三番に行く途中、右手にある現代的建築物が目を引きます。藤井《ふじい》達吉《たつきち》現代美術館です。

藤井達吉（一八八一年～一九六四年）は棚尾村（碧南市源氏町）生まれ、棚尾小学校卒の芸術家です。達吉は小学校卒業後の奉公を終えると、服部七宝《しっぽう》店（名古屋市）に就職。一九〇五年、七宝焼出展のために米国オレゴン州で開催された万博に出張。その際、ボストン美術館で世界の美術作品を見て刺激を受け、帰国後に七宝店を退職。美術工芸家として活動を始めました。七宝焼、日本画、陶芸、金工、竹工、漆工、刺繍、染色、和紙、書、和歌等の幅広い工芸分野で活躍し、日本の新しい芸術創造に足跡を残しました。

一九二九年、帝国美術学校（武蔵野美術大学）設立時に教授を務めたほか、一九三二年には西加茂郡小原村（豊田市）で和紙工芸の指導も始め、生涯工芸振興に人生を費やし、岡崎市で亡くなりました。

藤井達吉美術館の前にあるのが九重味淋《みりん》大蔵。西方寺に隣接する清沢満之記念館と向き合っています。

九重味淋は碧南市浜寺町に本社がある調味料製造の老舗。二十二世石川八郎右衛門信敦が一七七二年に味醂製造を始め、以来約二百五十年、味醂の製造を続けています。

大蔵は貯蔵熟成に用いるための蔵で、一七八七年に鳴海（名古屋市緑区）の酒蔵を現在地に移築したもの。二〇〇五年、大蔵は登録有形文化財となりました。大浜寺町の歴史的景観に一役買っています。

千体地蔵　八十三・八十四番　常行院《じょうぎょういん》（碧南市）

さて、遍路に戻りましょう。八十一・八十二番から、大浜を南北に貫く道路を北上すること約二百メートル、途中、藤井達吉現代美術館、九重味淋大蔵、清沢満之記念館を横目に進むと

八十三番、聖道山常行院。浄土宗のお寺です。一五二六年創建で、開山は徳川家菩提寺、大樹寺八世の隣誉《りんよ》上人です。

八十四番は本堂の北側にある聖道殿。そのご本尊、日限《ひぎり》地蔵尊は武田信玄の陣中守り本尊の地蔵大菩薩。一八六八年、当寺二十世、麻生徳雲《あそうとくうん》和尚が遠州応聲教院から譲り受けたそうです。また、珍しい土づくりの千体地蔵は、天保大飢饉の際に村人たちが救済を祈願して寄進したものです。元松江代官所の山門、京都六角堂から移された沙門宗連《しゅうれん》作の聖徳太子像など、見どころの多いお寺です。

ご本尊（**八十三番**）　阿弥陀如来

ご本尊（**八十四番**）　日限地蔵尊

ご詠歌　いつまでも　常ゆく寺の　さかゆるは　なやむ大師の　お慈悲なりけり

三尊像―八十五・八十六番　林泉寺《りんせんじ》（碧南市）

八十三・八十四番の約五十メートル先、北隣にあるのが八十五番、華慶山林泉寺。曹洞宗のお寺です。一四五七年創建。寺宝として伝わる三尊仏（釈迦、文殊、普賢《ふげん》）の掛け軸は、もともと奈良當麻寺《たいまでら》にあった七百五十年前の源慶《げんけい》作。源慶は平安時代後期から鎌倉時代前期の仏師で、運

慶の弟子です。

當麻寺は奈良県葛城市にある名刹。開基は聖徳太子の異母弟麻呂古《まろこ》王と伝わります。奈良時代末期、平安時代初期建立の二基の三重塔（東塔、西塔）があり、近世以前建立の東西両塔が残る日本唯一の寺としても知られています。

林泉寺境内は禅寺の雰囲気を感じさせる静寂が漂います。八十六番は山門を入ってすぐの弘法堂です。

ご本尊（**八十五番**）　聖観世音
ご本尊（**八十六番**）　大聖歓喜天　大師像
ご詠歌　衣浦の　海をはるかに　見渡して　法《のり》の林に　泉湧く寺

■ 加藤菊女と深称寺

結願の前に「大浜十ヶ寺巡り」の残るひとつ、深称寺にも立ち寄ります。八十七番・八十八番に向かう途中、羽根町交差点を右折して約二百メートルです。

地元では、信仰心の厚い江戸時代の才女、加藤菊女《かとうきくじょ》ゆかりの寺として親しまれています。菊女は一七〇三年、尾張藩士の娘として生誕。当地の代官、加藤四郎左衛門の子息友右衛門に嫁入

り。上品な人柄で書画の才に優れた教養豊かな女性だったそうです。

一七一八年、三州中山（碧南市伏見屋）の貞照院で起きた孫市騒動（注）の責任を問われ、四郎左衛門に島送りの沙汰。菊女の夫、友右衛門が高齢の父の身代わりとして伊豆大島に送られました。

（注）江戸白木屋で袈裟地織物を騙し取った僧が逃亡の末、貞照院に侵入。犯人（僧）を捕らえようとした孫市（大浜の賭場の親分）を中心とした村人が駆けつけた役人を犯人と間違え、役人に暴行している間に犯人が逃走。公儀からこの不始末を咎められ、孫市は打ち首、貞照院の住職と大浜代官（加藤四郎左衛門）が島送りの刑に処せられた騒動。

菊女は大浜の熊野権現に日参し、毎夜はだしでお百度参りをしました。熱心に夫の無事と放免を祈願し、夫の両親を支え、夫の留守を守り、写経に打ち込みました。そして、毎日のように写経と夫への手紙を竹筒に納めて海に投じました。

ある日、伊豆大島の友右衛門が舟釣りしていたところ、竹筒が漂着。友右衛門が竹筒を何度海に押しやっても戻ってくるのを奇異に感じ、拾い上げて中を見て驚愕。何と菊女の手紙と写経です。友右衛門がことの次第を申し出た島の役人も感服して幕府に上申。幕府は菊女の殊勝な行いに免じて友右衛門を赦免。友右衛門は八年振りに大浜に帰りました。

菊女はその後も神仏の加護に感謝して写経を続け、寺々に納経。今も林泉寺、妙福寺、貞照院、称名寺、宝珠寺などに残っているそうです。また、亀久の雅号で優れた書画の才も発揮し、三十六歌仙の画や和歌を近隣の寺社に奉納しました。

菊女は淑女、良民の鑑《かがみ》として顕彰され、大浜熊野大神社の境内に碑が建てられました。菊女の墓は宝珠寺境内にあります。

深称寺に宝珠寺、西方寺、本伝寺を加えた番外四ヶ寺に、観音寺、称名寺、清浄院、海徳寺、常行院、林泉寺の六ヶ寺で「大浜十ヶ寺巡り」の十ヶ寺です。

山崎弁栄上人―八十七・八十八番　法城寺《ほうじょうじ》（碧南市）

さて、いよいよ結願《けちがん》寺に向かいます。八十五・八十六番から北へ約二キロメートル。深称寺から約一・三キロメートル。大浜上町の交差点を越え、天王交差点手前を右折して住宅街に入ると八十八番、浄土宗の天王山法城寺。八十七番は本堂内の天王殿です。結願を法城寺とするため、天王堂が八十七番になっています。

一八九四年、九重味淋創業家（石川家）の縁戚の資産家、石川市郎が私財を投じて作った説教場が当寺の始まりです。

開山の山崎弁栄《やまざきべんねい》上人（一八五九〜一九二〇年）について触れておきます。

弁栄上人は下総国手賀沼鷲野谷（千葉県柏市）の熱心な浄土門徒の農家に生誕。幼い頃から近所の真言宗の寺で仏画を習っていたそうです。十二歳の時に阿弥陀三尊を夕日の中に感得し、二十歳で出家しました。その後は上京して増上寺や駒込吉祥寺学林（駒澤大学）で研鑽を積んだり、筑波山中での念仏修行、浄土宗本校（大正大学）設立の勧進、インド仏跡巡拝など、真摯に仏道に邁進しました。

一九一八年には時宗当麻派本山、無量光寺の六十一世法主に迎えられ、一九二〇年、各地を巡錫中に新潟県柏崎市の極楽寺で還浄《げんじょう》しました。

西洋楽器も積極的に布教に活用。仏教の教えを広めるため、賛仏歌を作詞作曲し、当時は目新しい楽器だった手風琴《アコーディオン》を自分で演奏し、全国を行脚したそうです。絵画や米粒絵も描く万能者です。法城寺は山崎弁栄上人が開山ですから、上人ゆかりの寺宝も多く、その影響が色濃く残る寺院です。凛とした静寂を感じる素晴らしい境内。弁栄上人の遺徳を偲びつつ、合掌して結願します。

ご本尊（**八十七番**）　火防大師
ご本尊（**八十八番**）　阿弥陀如来
ご詠歌　今までは　親とたのみし　大師づえ　めぐりて納む　法城の寺

札所の宗派と本尊

紙上遍路、お疲れ様でした。一六二六年（寛永二年）に浦野上人が開創した元祖三河新四国、一九二七年（昭和二年）に再興された旧三河新四国、そして一九七〇年（昭和四十年）に三度《みたび》誕生したのが現在の三河新四国です。

旧三河新四国

元祖三河新四国の札所の全貌は調べきれませんでしたが、旧三河新四国の札所は判明しています。再興の契機となった善通寺誕生院貫主から贈られた直伝証は、現在も雲龍寺（豊田市）本堂に掲げられています。雲龍寺は旧三河新四国では七十六番、現在の三河新四国では十九番・二十番です。

旧三河新四国の札所は、一番薬證寺（蒲郡市）から、西尾、碧南、高浜、刈谷、知立、豊田を経て、八十八番香積寺（豊田市足助）を巡拝します。前述のとおり、ほとんどの札所が旧三河鉄道沿線に位置し、海沿いの温泉景勝地蒲郡から紅葉で名高い香嵐渓を結ぶ沿線振興策だったようです。駆け足でお遍路しましょう。

スタートの蒲郡は、東三河新四国、三河海岸大師など、複数の弘法大師霊場が交錯する地域です。中でも五番無量寺は、三河新四国（六十一番・六十二番）、参河國准四国（五十四番）、東三新四国（十七番）、三河海岸大師（四番）も兼ねる五冠王です。

碧南に入ると、やはり大浜地区に札所が集中しています。大浜から北上すると知立の遍照院。旧三河新四国では五十七番ですが、現在の三河新四国では零番です。

さらに北上して猿投へ。大悲殿東昌院は旧三河新四国では奥之院、現在の三河新四国では十七番・十八番です。もともとは三河三之宮である猿投神社別当寺の白鳳寺。神仏分離令、廃仏毀釈によって廃寺となっていましたが復興されました。

旧三河新四国は浄土宗系寺院が過半を占め、中でも多いのが西山深草派（三十一ヶ寺）。徳川家康が三河一向一揆と対峙した際、一向宗の中でも家康方についたお寺が浄土宗に改宗した経緯が影響しているようです。次に多い曹洞宗（十八ヶ寺）のほか、全部で十六宗派の寺院で構成されています。札所石柱が残っているお寺も多く、探しながら散策するのは楽しいことです。

最多は浄土宗系

現在の三河新四国の寺院数は四十七ヶ寺です。うち一寺院二札所が四十一ヶ寺、一寺院一札所が六ヶ寺で四十七ヶ寺です。零番の遍照院と別格妙厳寺（豊川稲荷）を含めると四十九ヶ寺になります。

西三河から東三河を時計回りに打つ遍路になっており、知立三ヶ寺、刈谷二ヶ寺、豊田八ヶ寺、岡崎九ヶ寺、豊川五ヶ寺、蒲郡九ヶ寺、西尾五ヶ寺、碧南八ヶ寺です。

本四国の霊場と異なり、もともと必ずしもお大師様ゆかりのお寺ばかりではない中、一九六五年（昭和四十年）に改めて再興したこともあり、宗派は真言宗が中心というわけではありません。この点は、知多四国と同様です。

本四国では八十八ヶ所のうち八十ヶ所が真言宗系のお寺です。知多四国で最も多いのは曹洞宗のお寺です。

三河新四国を四十九ヶ寺で整理すると、一番多い浄土宗系が最多の二十ヶ寺（浄土宗十、浄土宗西山深草派十）、二番目が真言宗系の十七ヶ寺（真言宗醍醐派十四、真言宗豊山派一、高野山真言宗一、信貴山真言宗一）、三番目は曹洞宗の七ヶ寺、四番目は臨済宗の三ヶ寺。残るは、時宗と天台寺門宗が各一ヶ寺で四十九ヶ寺です。詳しくは表をご覧ください。

三河新四国の宗派

宗　派	寺院数	
浄土宗	10	20
浄土宗西山深草派	10	
真言宗醍醐派	14	17
真言宗豊山派	1	
高野山真言宗	1	
信貴山真言宗	1	
曹洞宗		7
臨済宗		3
時宗		1
天台寺門宗		1
計		49

（注）47札所に、零番遍照院、番外妙厳寺（豊川稲荷）を含む49ヶ寺。

最多は阿弥陀如来・阿弥陀仏

四十九ヶ寺のご本尊も本四国、知多四国とは少し違います。本四国では薬師如来が二十四、知多四国では観世音菩薩の三十二と最多。一方、三河新四国では阿弥陀如来・阿弥陀仏の二十（一光千体も含む）が最多。お寺の宗派として浄土宗系が最多なので、当然のことかもしれません。

それに続いて観世音菩薩十（千手観音と十一面観音も含む）、不動明王十（身代わり不動明王、流汗不動明王も含む）、弘法大師が四、薬師如来二、その他三。

一方、四十一ヶ寺の別堂札所のご本尊は、複数の先もあるので、合計で五十九。

最多は弘法大師十六（冠大師等も含む）、観世音菩薩が十一、地蔵菩薩が七、阿弥陀如来三、不動明王三、薬師如来三、その他十六。詳しくは表をご覧ください。

三河新四国の本尊

ご本尊	寺院	別堂	合計
阿弥陀如来	20	3	23
観世音菩薩	10	11	21
不動明王	10	3	13
弘法大師	4	16	20
薬師如来	2	3	5
釈迦牟尼仏	1	1	2
青面金剛	1	0	1
十三仏	1	0	1
地蔵菩薩	0	7	7
毘沙門天	0	2	2
弥勒菩薩	0	1	1
その他	0	12	12
計	49	59	108

（注）寺院は47札所と零番遍照院、番外妙厳寺（豊川稲荷）を含めた49ヶ寺。

第五章

愛知の寺院と霊場

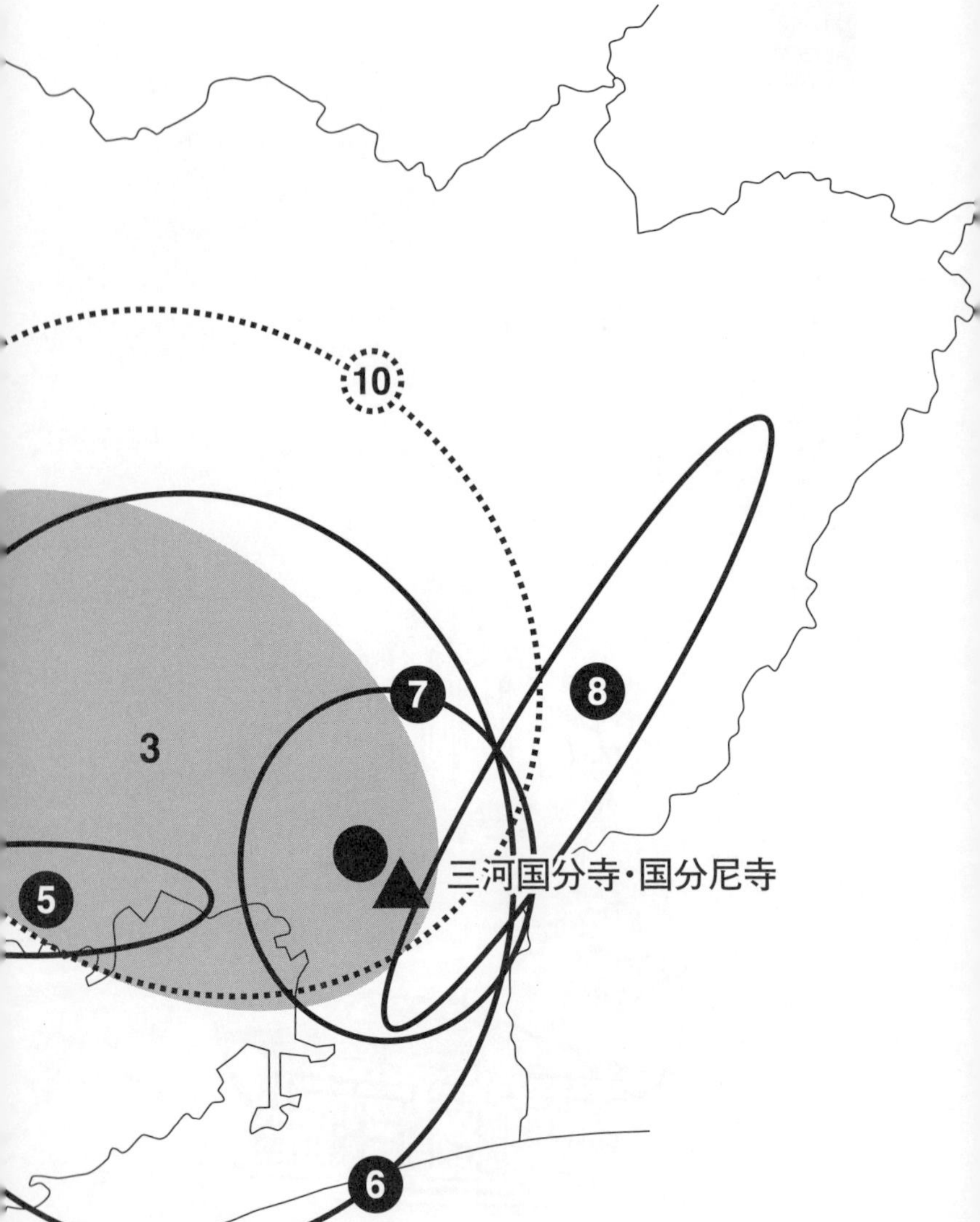
10
7
8
3
5
三河国分寺・国分尼寺
6

愛知の霊場

※詳細は275頁参照

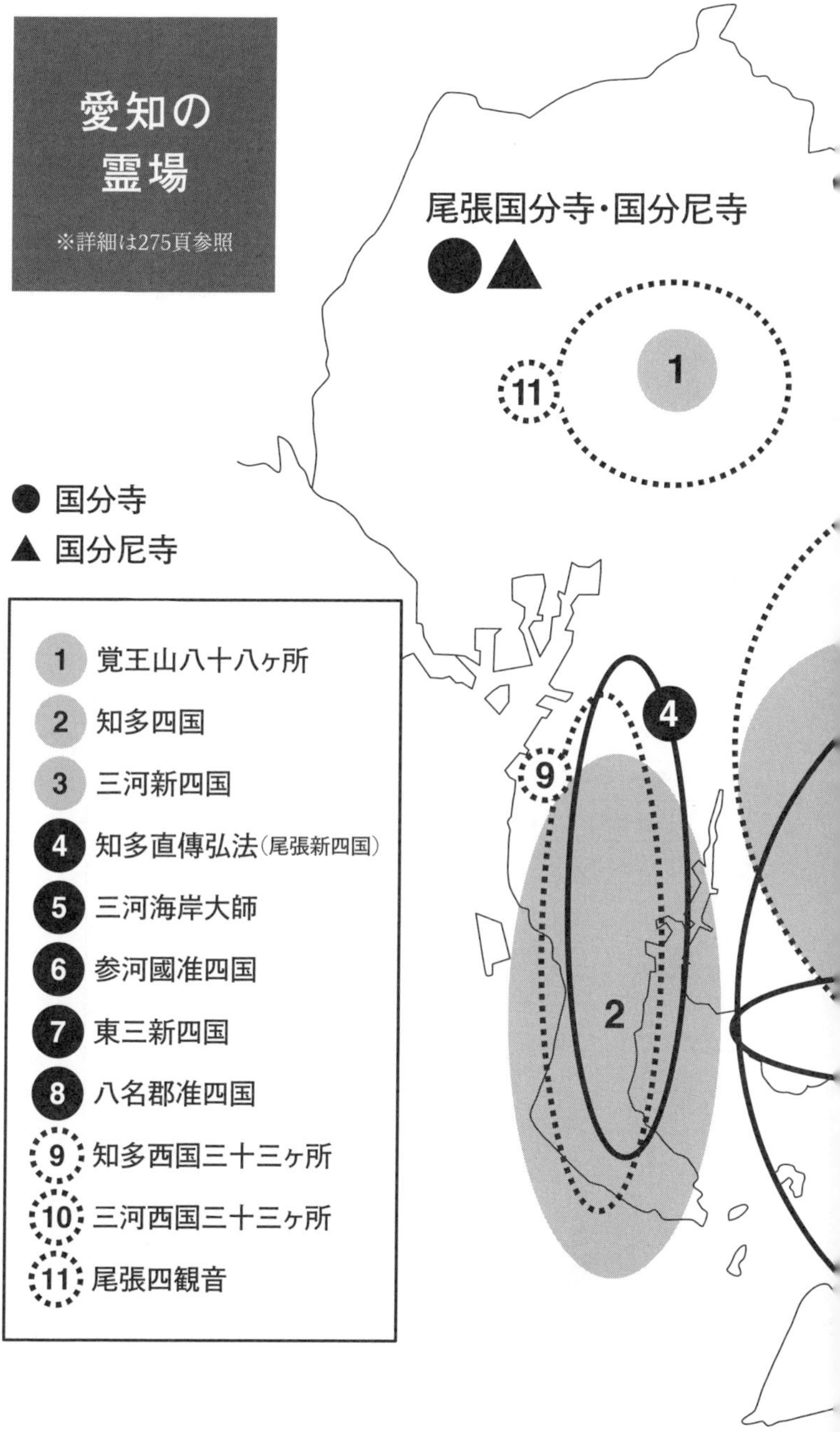

愛知の寺院数は日本一

日本人の生活と切り離せない寺社仏閣。全国津々浦々にある寺社仏閣。お正月の初詣に寺院と神社の両方に行く人も少なくありません。

第四章までに何度かお伝えしましたが、四十七都道府県で寺院が一番多いのは愛知です。寺院の数と聞けば、歴史から考えると京都、人口から想像すると東京が一番多いと連想するのが無理からぬところですが、実は愛知が一番。しかも断トツです。

文化庁が毎年発表する宗教年鑑（令和元年版）によれば、愛知の寺院数は四五五九で日本一（下表参照）。愛知に続く大阪、兵庫、滋賀、京都が上位五都府県。愛知以外は全部近

寺院数と人口比

	都道府県	寺院数		都道府県	人口比
1	愛　知	4,559	1	滋　賀	22.7
2	大　阪	3,384	2	福　井	21.7
3	兵　庫	3,277	3	島　根	19.2
4	滋　賀	3,205	4	山　梨	18.2
5	京　都	3,063	5	和歌山	16.9
	⋮		29	愛　知	6.0
43	青　森	474	43	埼　玉	3.1
44	鳥　取	467	44	鹿児島	3.0
45	高　知	364	45	東　京	2.1
46	宮　崎	348	46	神奈川	2.1
47	沖　縄	90	47	沖　縄	0.6

（注）文化庁「宗教年鑑」（令和元年版）に基づく。人口比は人口1万人当たりの寺院数。

畿地方。一方、一番少ないのは沖縄の九十。次いで、少ない順に宮崎、高知、鳥取、青森です。

古くから日本の都は奈良、京都です。平安仏教、鎌倉仏教の多くの宗派の祖師や高僧が京都と滋賀にまたがる比叡山延暦寺で修行しましたので、近畿地方に寺院が多いのは頷《うなず》けます。沖縄が少ないのは、かつては本土と文化圏が異なっていたためです。一方、宮崎や高知は明治維新に伴う廃仏毀釈の影響を受けていると考えられます。

因みに、日本最北端の寺院は稚内の天徳寺（曹洞宗）、最南端は竹富島の喜宝院（浄土真宗）。全国の寺院数は七六八七二、仏教系宗教団体数は八四三二一です（巻末表参照）。

人口比（人口一万人当たりの数）で見ると順位は変わります。最も多いのは滋賀の二二・七。以下、福井、島根、山梨、和歌山の順で、愛知は二十九位で六・〇。最も少ないのはやはり沖縄で〇・六。次いで、少ない順に神奈川、東京、鹿児島、埼玉。戦後に人口が急増した首都圏の人口比の寺院数は少なめです。昔の人口の多寡、戦後の人口増減、各地域の歴史、明治維新後の廃仏毀釈の影響などから、現在の各都道府県の寺院数や人口比の特徴が形成されていきました。

第一章で記したように、日本の寺院はもともと飛鳥時代の氏寺《うじでら》から始まりました。やがて氏族仏教は六四六年（大化二年）の「仏教興隆の詔《みことのり》」を契機に国家仏教となり、それから約四十年後の六八五年（天武十四年）の「造寺奨励の詔」によって寺院建立が本格化しました。

最澄と空海の登場を経て、鎌倉六宗が相次いで成立していく平安時代末期から鎌倉時代初期にかけて仏教は一段と人々に浸透し、以後、室町時代、戦国時代、安土桃山時代を通して寺院数は増えていきました。江戸時代には幕府が本山末寺制度、檀家制度を敷き、人々はどこかの寺院の檀家となって宗旨人別帳に登録することが義務づけられ、菩提寺の寺請《てらうけ》証文がなければ他の地域への移動などに支障をきたしました。檀家制度は現代の戸籍制度の役割を果たしましたが、徳川家康が中国の明の制度を模したと言われています。

ところで、愛知の寺院数が多いのはなぜでしょうか。その理由を考えてみました。

第一に、古くから発展し、人口が多い地域であったこと。尾張も三河も早い時期から拓けた地域で、江戸時代には十以上の城下町がありました。明治初期の段階で愛知の人口は全国三位。基本的にはこうしたことが寺院数の多い理由のひとつと考えていいでしょう。でも、それだけでは説明がつきません。

第二に、第一の理由とも関係しますが、愛知は七四一年（天平一三年）の「国分寺建立の詔」によって、最初に国分寺、国分尼寺がつくられた地域のひとつであること。尾張国府が置かれた稲沢、三河国府が置かれた豊川にそれぞれ国分寺と国分尼寺が創建され、その周辺に寺院が増えていきました。平安時代に立宗した天台宗、真言宗の寺院が早くからつくられたのに加え、鎌倉時代には鎌倉六宗の寺院も増えました。

第三に、愛知が地理的に京都と鎌倉の途中に位置したこと。鎌倉時代には、鎌倉六祖師や多くの高僧が都と東国を行き来し、その道中、愛知に足跡を残しています。そのことが寺院数増加に寄与していると考えられます。

第四に、織田信長、豊臣秀吉、徳川家康をはじめ、多くの戦国武将を輩出したこと。つまり、武将に庇護され、菩提寺などのゆかりの寺院が増えました。とくに江戸時代に入り、尾張徳川家が浄土宗をはじめとした多くの寺院を庇護したことも影響しています。また、城や砦も多かったことから、その鬼門を守る寺院が建立されました。

第五に、第四の理由とも関係しますが、寺院が戦略上の防衛拠点として利用されたこと。名古屋城下は典型例です。飯田街道から名古屋城下に入る現在の東区東桜あたりに東寺町がつくられ、東から侵入する敵を防御。南からの攻撃には大須の南寺町が防衛拠点となりました。また、名古屋城の北及び北西方向では、岩倉・小牧・犬山の城下町とその寺町が防衛線でした。西には、稲沢、海部郡あたりに中小の寺院が多数あります。城下の道の要所には「曲がり」を設けて敵の侵入を妨ぎ、その角々に寺院を配置し、戦時の兵の拠点にしました。

第六に、人口が多かったことと相俟って、江戸時代の檀家制度の影響でさらに寺院が増えたこと。檀家寺がたくさん必要となり、寺院数も増えました。

第七に、明治時代の廃仏毀釈に抵抗したこと。一八六八年（明治元年）の「神仏分離令」を機に廃仏毀釈が起きました。薩摩藩（正式名称は鹿児島藩）は翌年までに領内の寺院を全廃したそうです。薩長土肥など官軍側の旧藩では、程度の差はありますが同じようなことが起きました。

愛知でも、徳川家康ゆかりの東照宮を擁する鳳来寺などが廃仏毀釈の影響を大きく受けました。尾張藩は戊辰戦争では官軍側でしたが、鳳来寺などの例はあったものの、総じて寺院数が激減することはなかったようです。第四章でご紹介したとおり、三河大浜で「護法一揆」とも言われた「大浜騒動」が起きるなど、廃仏毀釈には抵抗を示す傾向があったようです。

神社数の日本一は新潟

寺院と神社を総称して寺社仏閣というように、両者は混交した存在です。全国津々浦々、身近な場所に寺院と神社の双方があるのが日本です。

筆者の子どもの頃の遊び場は第二章でご紹介した日泰寺と、そこから東へ約一キロメートルの城山八幡宮です。城山八幡宮は織田氏の居城であった末森城址にあり、譽田別命《ほんだわけのみこと》（応神天皇）、息長帯比賣命《おきながたらしひめのみこと》（神功皇后）、帯中津日子命《たらしなかつひこのみこと》（仲哀天皇）に加え、他の神命《かみみこと》も合祀されています。

神社の数も調べてみました。前述の文化庁「宗教年鑑（令和元年版）」に基づくデータは次のとおりです（次頁表参照）。

全国の神社数は八〇九八三、神道系宗教団体数は八七四九七です（巻末表参照）。都道府県別の神社数の最多は新潟の四七〇六、以下兵庫、福岡、愛知、岐阜の順です。一方、最少はやはり沖縄の十五。次いで、少ない順に和歌山、宮崎、大阪、山口です。人口も多く、縁起を担ぐのが好きそうな大阪に神社が少ないのは意外です。

寺院と同様に、人口比も調べてみました。人口一万人当たりの神社数の最多は高知の三〇・七、以下福井、富山、新潟、大分。一方、最少はやはり沖縄の〇・一。次いで、少ない順に大阪、東京、神奈川、北海道です。愛知は多い方から数えて四十位でした。

新潟は実数では日本一をずっと維持しています。なぜそんなに多いのでしょうか。

最大の理由は、新潟の人口がかつて日本一だったという意外な事実です。一八八八

神社数と人口比

	都道府県	神社数		都道府県	人口比
1	新　潟	4,706	1	高　知	30.7
2	兵　庫	3,862	2	福　井	22.1
3	福　岡	3,417	3	富　山	21.7
4	愛　知	3,357	4	新　潟	21.0
5	岐　阜	3,266	5	大　分	18.5
	⋮		40	愛　知	4.5
43	山　口	752	43	北海道	1.5
44	大　阪	726	44	神奈川	1.3
45	宮　崎	675	45	東　京	1.1
46	和歌山	443	46	大　阪	0.8
47	沖　縄	15	47	沖　縄	0.1

（注）文化庁「宗教年鑑」（令和元年版）に基づく。人口比は人口1万人当たりの神社数。

年（明治二十一年）の国勢調査では、新潟の人口は一六六万人で最多。二位は兵庫の一五一万人、三位は愛知の一四四万人。東京は一三五万人で愛知に次ぐ四位です。続く一八九三年（明治二十六年）の調査でも、新潟はさらに増えて一七一万人で一位を維持しています。人口が多いうえに、新潟では集落ごとに神社があります。農業地域で自然の恵みを意識せざるをえない新潟では、自ずと神社の数が多くなったのかもしれません。

余談ですが、筆者は一九八〇年代に新潟勤務経験があります。仕事や余暇で県内津々浦々を行脚した時の実感として、たしかに神社が多い。氏子が数軒の集落でも鎮守の神社は大切に守られていました。信仰心が篤いということでしょうか。「おやひこさま」と呼ばれて親しまれている弥彦《やひこ》神社。地元の人が「おやひこさまに詣でないと大人になれない」と語っていたのを思い出します。鬱蒼《うっそう》とした弥彦山の麓にあり、第一章で述べた古《いにしえ》の邊地《へち》修行を思わせる「おやひこさま」です。

そんな土地柄ですから、新潟は明治政府が打ち出した神社統廃合の合祀政策に消極的でした。戊辰戦争の影響もあってか、明治政府への抵抗感が強かったことも、中央の合祀政策に従わなかった理由のひとつかもしれません。

ところで、神社に触れたのは日本仏教の特徴が神仏習合、神仏混交だからです。寺院が多ければ神社も多いという関係にあります。

第一章で述べたように、日本への仏教公伝は通説では五三八年。大陸から伝来した仏教は異文化、外国の宗教であり、それを日本の天皇や朝廷が信仰し、仏を祀ることはできません。日本には古《いにしえ》からの自然崇拝、八百万《やおよろず》の神々を敬う民族宗教があり、天皇はその祭司の長、神道の長だからです。

しかし、徐々に浸透した仏教は、日本古来の自然崇拝、神道と調和融合しました。すなわち、神仏習合、神仏混交です。

最初は仏教が主、神道が従として混交しました。その結果、奈良時代には神社に神宮寺《じんぐうじ》が建てられるようになり、平安時代に本地垂迹《ほんじすいじゃく》説が生まれました。本地である如来や菩薩が、仮の姿である神として人々の前に現れるという考え方です。

本地とは「本来のこと」を意味し、究極の本地は宇宙の真理そのものである法身《ほっしん》。これを本地法身とも言います。垂迹とは「迹《あと》を垂れる（神仏が現れる）」ことを意味します。たとえば、阿弥陀如来の垂迹は八幡神、大日如来の垂迹は伊勢神、観音菩薩の垂迹は賀茂神です。もっとも、本地と垂迹の関係は必ずしも一対一ではありません。八幡神だけでなく熊野神もまた阿弥陀如来の垂迹です。複数の本地と垂迹の関係が輻輳《ふくそう》しています。やがて、神への納経、神前での読経、神に菩薩号をつけるなど、神仏混交は深化していきました。

本地垂迹という言葉は法華経や大日経に由来し、永遠不滅の理想的釈迦を本地とし、生身の現実的釈迦を垂迹とするもので、それを仏と神の関係に当てはめたと言えます。

二千五百年前にインドで生まれた仏教が、ヒンドゥー教やインドの諸神と向き合った際も、中国で仏教が道教と接した時にも、同じような考え方で調和融合が起きました。

とりわけ神仏習合の思想と親和的で、積極的に仏教と混交したのは八幡神です。東大寺大仏造営に協力した宇佐《うさ》八幡が典型例であり、最初に菩薩号がつけられたのも八幡神です。

平安時代には熱田権現《あつたごんげん》、蔵王《ざおう》権現など「権現」という考え方を生み、神仏習合、本地垂迹は深まっていきます。如来や菩薩が、人々を救うために仮に姿となって現れる神のことを権現すなわち「仮の現れ」と呼びました。権現の権とは「仮」「臨時」という意味であり、公家の官位である「権大納言」の「権」などと同じ使い方です。

仏教側から神道を理論的に説明する神道理論も登場しました。当時の仏教界の主流であった密教二宗のうち、天台宗の教えを取り入れたのが山王神道、真言宗の教えを取り入れたのが両部神道です。

神仏習合はさらに深化し、神の昇華を祈念して建てられた神宮寺に、逆に鎮守社《ちんじゅしゃ》を設ける風習も現れました。

やがて神道側から、神道を主、仏教を従とする反本地垂迹説も現れました。室町時代に入ると、如来は天皇の垂迹であると考える吉田神道や伊勢神道などの系譜も生まれました。また、仏教は花実《かじつ》、儒教は枝葉《しよう》、神道が根本であるとする根葉花実論も登場しました。

戦国時代、安土桃山時代を経て、江戸時代に入ると国学が隆盛し、徐々に仏教的なものを神道から除き、神道を純化し、神道の優位が説かれるようになりました。しかし、正月に寺社双方へ初詣《はつもうで》するなど、神仏習合の習慣は日本の文化と言える段階まで人々に浸透しており、国学が人々の認識や慣習を変えるまでには至りませんでした。

ところが、幕末から明治維新にかけて国学の影響を受けた神道思想が先鋭化。一八六八年（明治元年）には神仏分離令が出されるに至って廃仏毀釈が起き、本地垂迹説も衰退しました。

神社の系譜は仏教以上に多様です。神社のみならず、神道、信仰にもそれぞれ系譜があり、それらは相互に複雑に絡み合っています。

神社の上社は、諏訪大社、熊野大社、宗像大社、秋葉神社など、多様です。神道の系譜も、古神道（原始神道）、神社神道、皇室神道、教派神道、民族神道など、十数系統に分かれます。信仰の系譜も、八幡信仰、伊勢信仰、天神信仰、稲荷信仰、熊野信仰、白山信仰、春日信仰、浅間信仰など、多岐にわたります。

近世までは「神社」「大社」「神宮」「宮」などの社号の命名には基準がありました。とくに、明治維新から終戦までは国家神道であったため、社号には国の許可が必要であり、天皇を祀る神社のみが神宮を名乗っていました。現在ではそうした基準はなく、戦後に新たに神宮を名乗り始めた神社もあります。

因みに文化庁「宗教年鑑」(令和元年版)によれば、寺院と神社の合計でみると、愛知が七九一六で一位、新潟が七四八五で二位。両県で日本全国の寺社の九・八パーセント、約一割を占めます。

父が愛知、母が新潟の筆者が寺社仏閣に興味を持つのも肯《むべ》なるかな。合掌礼拝。

西国三十三所のはじまり

愛知には本四国以外の写し霊場もたくさんあります。霊場と言えば、本四国と並んで信仰を集めているのが西国《さいこく》三十三所。近畿二府四県と岐阜県の三十三ヶ寺の観音菩薩(観世音菩薩、観自在菩薩)を巡礼します。西国三十三所の起源については、中山寺(二十四番)の縁起である「中山寺由来記」、華厳寺(三十三番)の縁起である「谷汲山根元由来記」に次のように記されています。

七一八年(養老二年)、大和長谷寺《はせでら》の開基、徳道上人《とくどう》が重い病で生死をさまよう中、夢に閻魔《えんま》大王が現れました。大王は「生前の罪業《ざいごう》によって地獄へ送られる人々を救うために、滅罪の功徳がある三十三ヶ所の観音霊場をつくり、人々に巡礼を薦めよ」と言い、起請文《きしょうもん》と三十三の宝印を授けたそうです。

蘇生した上人は三十三観音霊場を開創しますが、人々に広く信仰され、巡礼が盛んになるには至りませんでした。上人は機が熟するのを待つため、三十三の宝印を中山寺の石櫃《せきひつ》に納めました。その後、上人は法起院（番外）に隠居し、八十歳で示寂。いつしか、三十三観音霊場は忘れ去られました。

それから約二百七十年後、若き花山《かざん》天皇（六十五代）は権勢を振るう藤原氏の権力闘争に巻き込まれ、在位わずか二年で退位。弱冠十九歳で法皇となりました。無常を感じた法皇は比叡山に遁世《とんせ》。やがて熊野に行き、那智山で千日籠山《ろうざん》修行。その折、熊野権現が姿を現し、徳道上人が定めた三十三観音霊場を再興することを託されました。

法皇は中山寺で宝印を探し出し、圓教寺（二十七番）の性空《しょうくう》上人の勧めにより、石川寺（叡福寺）の仏眼《ぶつげん》上人に同道して三十三観音霊場を巡拝。これを機に、西国三十三所が始まりました。

晩年、法皇は京都花山院に住み、一〇〇八年、四十一歳で生涯を閉じました。

こうして誕生した西国三十三所は、一番那智山青岸渡寺《せいがんとじ》（和歌山）から三十三番谷汲山《たにぐみさん》華厳寺（岐阜）に、徳道上人、花山法皇ゆかりの番外三ヶ寺を加えた三十六ヶ寺を巡ります。興福寺、醍醐寺、清水寺など、著名な古刹も含まれています。

結願お礼参りに信濃善光寺を参詣して三十七ヶ寺巡りとしたり、善光寺に加え、高野山金剛峯寺、比叡山延暦寺、奈良東大寺、大阪四天王寺のいずれかにお礼参りする風習もあるそうです。一番から三十三番までの巡礼道は約一〇〇〇キロメートル、本四国の遍路道約一四〇〇キロメートルより少し短い道のりです。

因みに、三十三という数は、「妙法蓮華経観世音菩薩普門品《ふもんぼん》第二十五」(観音経)の中で、観音菩薩が人々を救うために三十三の姿に変化することに由来します。西国三十三所を巡礼すると、観音菩薩の功徳によって現世での罪業が消え、極楽往生できると信じられています。

西国三十三所の札所本尊はすべて観音菩薩です。札所本尊と寺院の本尊とは異なる場合もあります。観音菩薩には、一面二臂《にひ》の聖《しょう》観音のほかに、十一面観音、千手観音など、さまざまな変化《へんげ》観音があります。

そのうち、西国三十三所の札所本尊は七観音です。千手観音十五ヶ寺、十一面観音七ヶ寺、聖観音四ヶ寺、如意輪観音六ヶ寺、馬頭観音一ヶ寺、准胝《じゅんでい》観音一ヶ寺、不空羂索《ふくうけんさく》観音一ヶ寺。合計が三十三ではなく三十五になっているのは、三十一番長命寺の本尊が千手観音、十一面観音、聖観音の三体であり、「千手十一面聖観音三尊一体」と称しているためです。

本四国はお大師様を信仰しますが、西国三十三所は宗派的なものではなく、観音菩薩信仰です。本四国と西国三十三所の成立時期は、徳道上人まで縁起を遡れば西国三十三所の方が早く、花山法皇を開創と考えると本四国の方が古いことになります。第一章で記したように、自然崇拝や古神道に基づいた原始的な神域巡礼は各地にありましたが、本格的な仏教巡礼としては本四国と西国三十三所がはじまりです。

本四国はお大師様の弟子たちが十世紀には巡礼していたようですが、西国三十三所の最古の巡礼記録は三井寺《みいでら》とも呼ばれる園城寺《おんじょうじ》（十四番）に伝わる「寺門高僧記」の中にあります。十一世紀後半から十二世紀にかけての高僧で、いずれも天台座主となった行尊《ぎょうそん》と覚忠《かくちゅう》の巡礼記、すなわち「行尊伝」の「観音霊場三十三所巡礼記」と「覚忠伝」の「応保元年正月三十三所巡礼則記文」です。

札所に含まれる寺院は「寺門高僧記」以来同じですが、札所の順番は時代とともに変化しています。とりわけ、一番札所を行尊は長谷寺、覚忠は青岸渡寺としている点は大きな変化です。行尊の巡礼は十一世紀末、覚忠の巡礼は十二世紀後半。一番札所が長谷寺から青岸渡寺に変わった背景には理由がありました。

西国三十三所は、時代が下るにつれて伊勢参詣や熊野参詣などと結びついていきました。熊野参詣は貴族にも広がり、後鳥羽天皇は十三回、後白河天皇は二十七回参詣行幸しています。「蟻《あり》の熊野詣《もうで》」と言われるほど参詣者が多かった全盛期です。こうした状況に三十三所の順路も影響を受け、熊野詣の際に参拝できる青岸渡寺が一番札所になったと想像します。

また、青岸渡寺のある那智山が、三十三所開創の花山法皇とゆかりが深いことも影響しました。山内の滝元千手堂の本尊が法皇と結びつけられていること、那智山の一角をなす妙法山に法皇の庵や墓所があったこと、法皇が那智滝で千日滝修行を行ったことなどから、いつしか青岸渡寺が一番になりました。

僧や貴族のみならず、多くの人々に西国三十三所が広まると、地方の有力な武将や豪族などが西国写し霊場をつくるようになりました。

最も早期の写しは鎌倉時代初期の十二世紀前半、源頼朝によって発願《ほつがん》され、源実朝が札所を定めたと伝わる坂東三十三所。関東一都六県にまたがる観音霊場です。

室町時代になると秩父三十四所も開創されました。当初は三十三所でしたが、札所間の揉め事に起因して一ヶ寺増やして三十四所。坂東三十三所、秩父三十四所が定着するにつれ、元祖である近畿の観音霊場には西国の文字が冠され、西国三十三所と呼ばれるようになりました。

西国、坂東、秩父を合わせて日本百観音も誕生しました。岩尾城跡（長野佐久）にある一五二五年銘の石碑に「秩父三十四番 西國三十三番 坂東三十三番」と彫られており、この頃には日本百観音が確立していたようです。

三十三所の写し霊場は現在全国各地に六百以上あるようです。西国三十三所の写しが最も多いですが、坂東三十三所や秩父三十四所の写しもあります。

写し霊場の普及と巡礼ブーム

江戸時代はじめ頃から観音霊場巡りが広まり、「巡礼講」が各地で誕生。団体での巡礼も盛んに行われました。自分では巡礼に行けない人たちから依頼を受けて代参し、三十三所を三十三回巡礼することで満願となる「三十三度行者」と呼ばれる職業的巡礼者も現れました。巡礼講や三十三度行者の満願を記した「満願供養塔」の石碑も各地に残っています。

江戸からの巡礼者は、伊勢神宮を詣でた後に一番那智山青岸渡寺へ向かい、途中、高野山金剛峯寺、比叡山延暦寺、奈良東大寺、大坂四天王寺も参拝しつつ、三十三番谷汲山華厳寺を目指しました。帰途にはお礼参りとして信濃善光寺に立ち寄るのが慣例だったようです。

当時は自由に旅ができる時代ではありませんが、巡礼目的であれば比較的容易に通行手形を手に入れることができたそうです。お金や時間に余裕がある巡礼者は、せっかくの機会なので札所だけでなく、熊野大社や天の橋立《あまのはしだて》など各地の寺社仏閣、名所旧跡を訪ねたようです。

第一章で記したとおり、十七世紀には「四国霊場三部作」が出版され、本四国も大人気。本四国、西国三十三所は二大巡礼の地位を確立しました。海を渡って四国に行く本四国は西国三十三所よりも大変な巡礼でした。そのため、西国三十三所は旅をかねた遊山《ゆさん》の面もありましたが、本四国は病人などが決死の覚悟で行く死出の旅路だったのです。

西国三十三所の納経札は、はじめは白地に黒字の紙の白札（紙札）でしたが、やがて本四国と同じ規定で色札を納める巡礼者が増え、今日に至っています。

前述のとおり、最古の写し霊場は坂東三十三所（鎌倉時代初期）と秩父三十四所（室町時代）です。以降、全国各地に本四国と西国三十三所の写し霊場が創られましたが、その規模は、国単位、郡単位、郷単位、村単位、寺単位とさまざまです。

写し霊場の開創ブームとも言える時期が四回ありました。最初は江戸時代中期から後期にかけてです。本四国、西国三十三所が人々に普及した時期と重なります。

実際に本四国、西国三十三所を巡礼するには、お金と時間がかかります。人々にはなかなか叶《かな》わぬ夢なので、講《こう》を作って代表が代参することも行われました。さらに、実際に巡礼に行かなくても、その代わりになるようにと考え出されたのが写し霊場です。領民が巡礼を機に他国に流出することを懸念し、大名や領主が関わって開創した場合もありました。

開創の古い順に整理すると、本四国の写しでは、三河（一六二六年）、小豆島（一六八六年）、摂津（一七七七年）、淡路（一七八四年）、伊予大島（一八〇六年）、知多（一八二四年）、篠栗（一八五四年）などです。

西国三十三所は、播磨（一六六五年）、洛陽（一六六六年以前）、和泉（一六九〇年）、大坂（一七〇三年以前）、阿波東（一七一〇年）、近江（一七一六年以前）、摂津（享保年間）、江戸

（享保年間）、河内西国（一八四五年以前）などです。

本四国と西国三十三所の写し霊場の隆盛が影響したのでしょうか、この時期には浄土宗の祖師巡礼である法然上人二十五霊場も開創されました。

一七六二年に京都如来寺の廓誉順起《かくよじゅんき》が発願し、弟子である難波恋西庵の順阿霊沢《じゅんあれいたく》が一七六六年に開創。法然上人五五〇回忌（一七六一年）に際して参詣し、中国、四国、近畿地方にかけ、一番誕生寺（岡山）から二十五番知恩院（京都）を巡拝したのが始まりと聞きます。浄土宗の寺院が中心ですが、法然上人とゆかりのある真言宗や天台宗などの寺院も含まれます。二十五霊場を巡拝するのは、法然上人月命日の二十五日や念仏来迎聖衆《らいこうしょうじゅ》二十五菩薩の数に由来すると説明されています。

写し霊場開創の次のブームは明治時代半ば以降です。廃仏毀釈の動きが沈静化し、各宗派による仏教改革と寺院や霊場の復興、新たな写し霊場の開創が始まりました。高野山から南蔵院を迎えて一八九九年に再興した篠栗八十八ヶ所のように、高野山や本四国が関わっての再興もありました。巡礼者の増加にあわせて霊場の新設も行われ、島四国である周防大島《すおうおおしま》（一八八九年）、因島《いんのしま》（一九〇八年）などが開設されました。

仏舎利《ぶっしゃり》奉安に端を発した覚王山八十八ヶ所もこの流れの延長線上で、一九〇九年（明治四十二年）に開創されました。覚王山八十八ヶ所は境内ではなく、日泰寺の周りにつくられました。

昭和初期になると、三度《たび》ブームと呼べる時期を迎えます。比叡山へのケーブルカー開通が一九二七年、同じく高野山が一九三〇年。鉄道や乗り合いバスの普及と相俟って、山深い寺院への参詣も容易になり、本四国、西国三十三所への巡礼者が急増。写し霊場の開創も続きました。大正から昭和初期に創設された全国各地の鉄道や新聞社の影響もあります。一九三二年の近畿全域を対象とした新西国三十三所は地方新聞社合同の企画です。一九二七年に復興した旧三河新四国も、一九一四年開業の三河鉄道との関係が深かったことは第四章で記したとおりです。佐渡新四国（一九三一年）、多摩八十八ヶ所（一九三四年）、南知多三十三観音（一九二九年）など、本四国、西国三十三所の写しが次々とつくられました。しかし、やがて戦争で巡礼どころではなくなり、写し霊場の多くは衰退しました。

次は戦後の昭和四十年代以降です。廃れていた写し霊場の再興と新しい写し霊場の開創が相次ぎました。高度成長で経済的に豊かになり、人々が旅行に出かける余裕ができたことも影響し、霊場巡りも観光の色彩が強くなりました。本四国、西国三十三所とも巡礼者が年々増え、旅行会社・鉄道会社・バス会社・新聞社などが企画する巡礼ツアー全盛時代を迎えました。

本四国の写しでは一九八〇年に摂津が復活しました。西国三十三所では、阿波東（一九七二年）、播磨（一九七四年）、中河内（一九七五年）、さぬき（一九七九年）、摂津（一九八〇年）など、次々と再興されました。

一九六七年には、本四国の番外霊場が四国別格二十霊場を立ち上げました。また、一九八九年には、別格二十霊場に入らなかった番外寺院を中心に新四国曼荼羅霊場が創設されました。さらに、巡礼ブームに乗って、不動明王、薬師如来などにまつわる新たな霊場をつくる取り組みも始まりました。真言系寺院などを中心に、七福神や十三仏の巡礼も各地で開創されました。

こうした中、同じ地域に複数の同名霊場が並立する事態も発生。典型例は大阪の旧河内国地域にある河内西国三十三所です。江戸時代以降、五系統十種類の写し霊場がつくられました。

徳島にも同名の阿波西国三十三所が二つあります。徳島市北部周辺の東霊場と、美馬《みま》・三好市周辺の西霊場です。東霊場は、徳島市南部周辺にある阿波秩父霊場、阿南市以南にある阿波坂東霊場と合わせて阿波百観音と称しています。

珍しいところでは、二〇〇一年に役行者《えんのぎょうじゃ》霊蹟札所、二〇〇八年には近畿圏百五十二の寺院と神社を巡る神仏霊場が開設されています。

愛知の国分寺・国分尼寺

愛知にはいつ頃から、またどの辺りに寺院が建ち始めたのでしょうか。

仏教公伝は五三八年、そして五八七年に蘇我氏が氏寺として発願した法興《ほうこう》寺（現在の飛鳥寺）

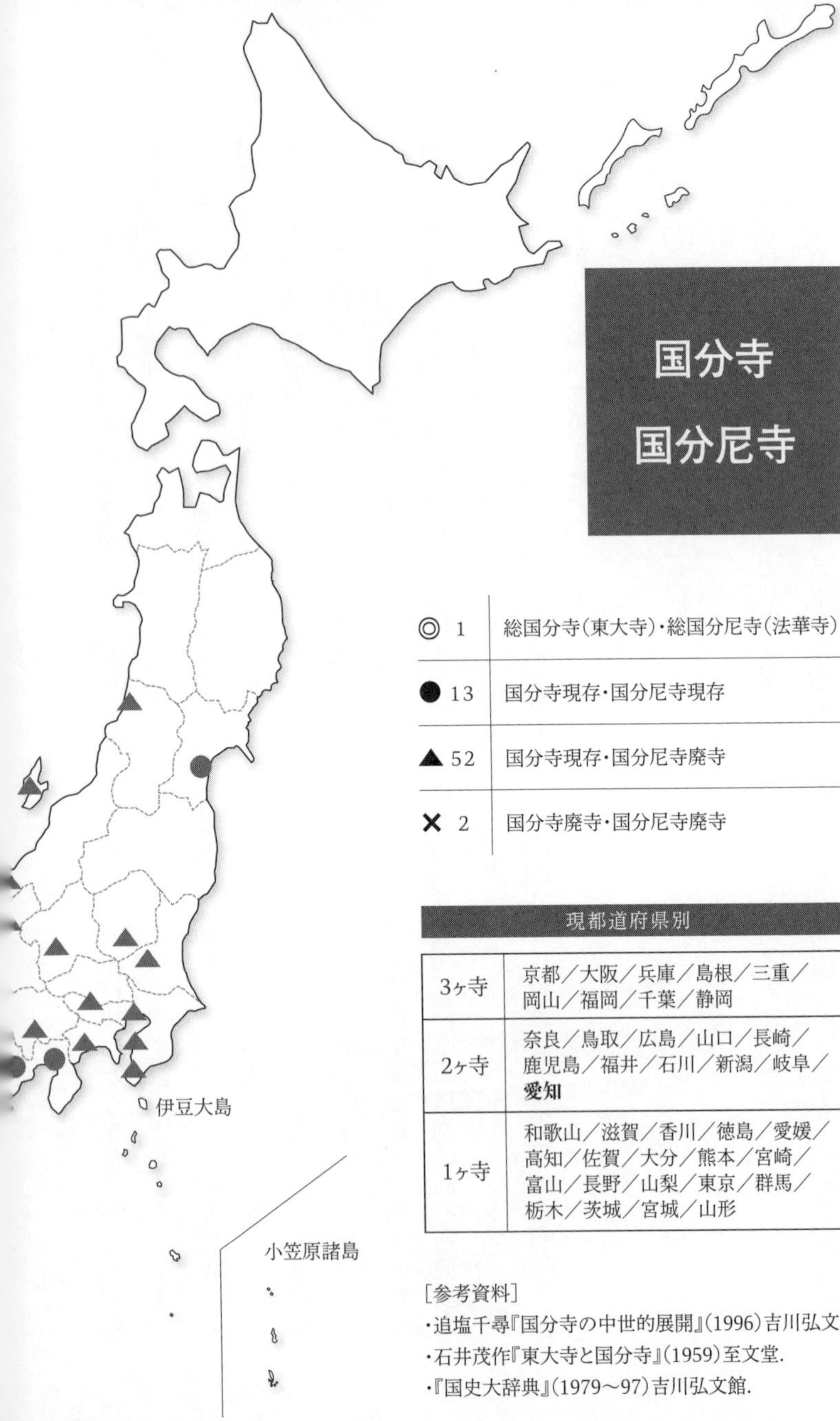

国分寺
国分尼寺

◎	1	総国分寺（東大寺）・総国分尼寺（法華寺）
●	13	国分寺現存・国分尼寺現存
▲	52	国分寺現存・国分尼寺廃寺
✕	2	国分寺廃寺・国分尼寺廃寺

現都道府県別	
3ヶ寺	京都／大阪／兵庫／島根／三重／岡山／福岡／千葉／静岡
2ヶ寺	奈良／鳥取／広島／山口／長崎／鹿児島／福井／石川／新潟／岐阜／**愛知**
1ヶ寺	和歌山／滋賀／香川／徳島／愛媛／高知／佐賀／大分／熊本／宮崎／富山／長野／山梨／東京／群馬／栃木／茨城／宮城／山形

［参考資料］
・追塩千尋『国分寺の中世的展開』（1996）吉川弘文館.
・石井茂作『東大寺と国分寺』（1959）至文堂.
・『国史大辞典』（1979〜97）吉川弘文館.

旧道別国分寺・国分尼寺

機　内	5	山城／大和(◎)／河内／和泉／摂津
東海道	15	伊賀／伊勢／志摩／**尾張**／**三河**／遠江／駿河／伊豆／甲斐／相模／武蔵／安房／上総／下総／常陸
東山道	8	近江／美濃／飛騨／信濃／上野／下野／陸奥／出羽
北陸道	7	若狭／越前／加賀(×)／能登(×)／越中／越後／佐渡
山陰道	8	丹波／丹後／但馬／因幡／伯耆／出雲／石見／隠岐
山陽道	8	播磨／美作／備前／備中／備後／安芸／周防／長門
南海道	6	紀伊／淡路／阿波／讃岐／伊予／土佐
西海道	11	筑前／筑後／豊前／豊後／肥前／肥後／日向／大隅／薩摩／壱岐／対馬

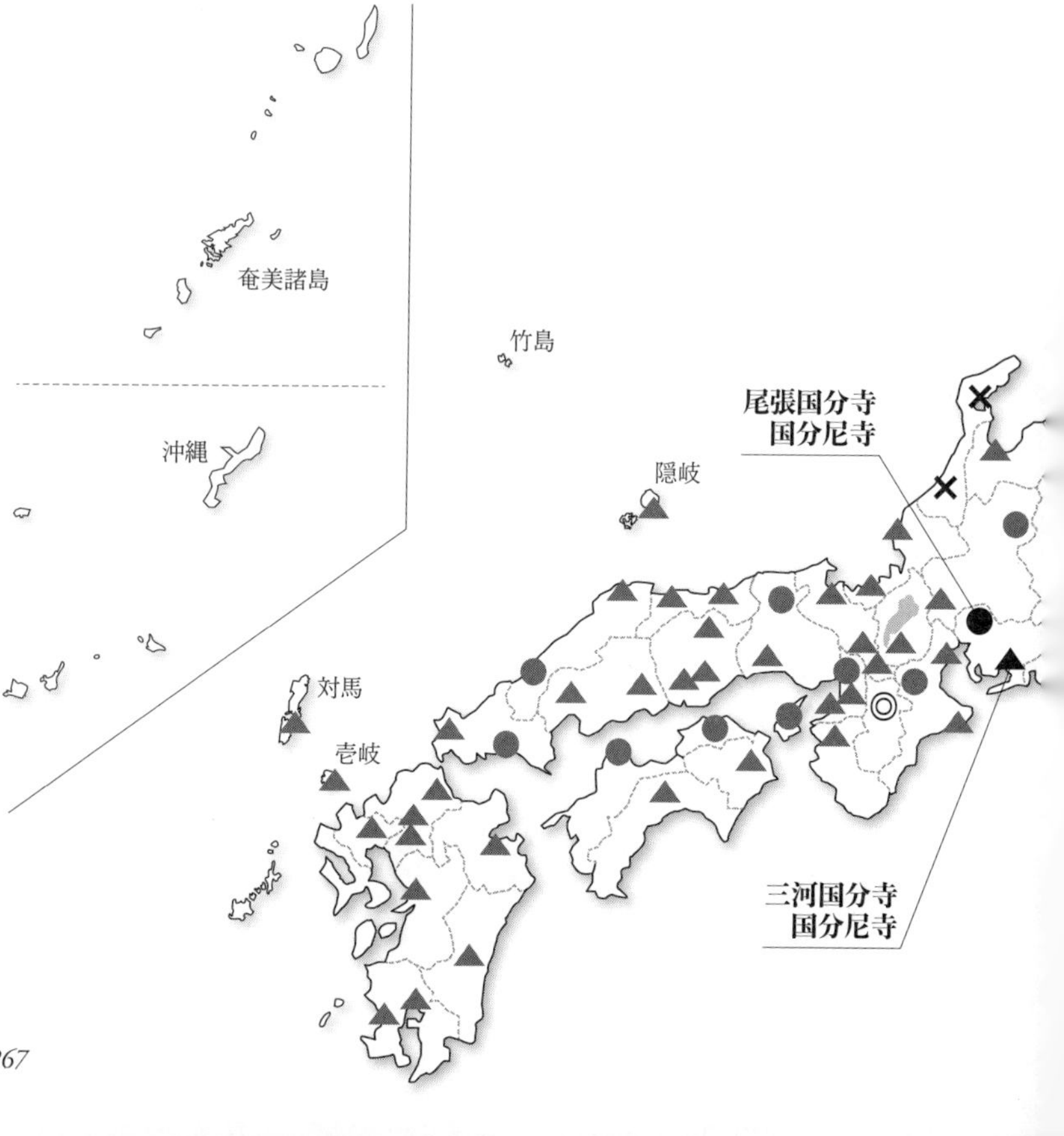

が日本最初の寺院です。その後、仏教は大化の改新の翌六四六年（大化二年）の「仏教興隆の詔」によって氏族仏教から国家仏教に転化。六八五年（天武十四年）には「造寺奨励の詔」が出され、寺院建立が本格化します。

第一章でも触れましたが、それから十年後の六九五年の寺院数が、十一世紀末に編纂された扶桑略記《ふそうりゃくき》に記されています。それによれば、全国の寺院数は五四五。仏教公伝から約百五十年でこれだけの数に至っていました。

その時点の地域別の寺院数も記されています。都のあった大和が九十一、隣接する近江が五十八、そして尾張は二十一、三河は十となっています。それから十数年後の奈良時代に入ると、尾張は三十六と急増。この地域が都と関係が深いうえ、人口も多く、発展していた証《あかし》と言えます。

七四一年（天平十三年）、聖武天皇が「国分寺建立の詔」を発出し、各地に国分寺と国分尼寺を建立することを命じました。

尾張国分寺は現在の稲沢市矢合《やわせ》町辺りに建立されました。当時の国府（現在の大国霊神社付近）から約四キロメートル離れた場所であり、現在の国分寺南方約一キロメートルの位置です。金堂や五重塔の跡が発見されています。国分尼寺は当時の国分寺から北西約二キロメートルの現在の法花寺町にある法華寺の場所に建てられました。

国分寺、国分尼寺の距離感から、当寺の国府の規模が想像できます。周辺には他の寺院も建立され、寺群が形成されていきました。

現在でも稲沢市には寺院が密集しています。称徳天皇の勅願で創建された万徳寺（真言宗）、徳川将軍家上洛時の宿となった禅源寺（臨済宗）、お大師様が熱田神宮参詣の際に建立したと伝わる性海寺（真言宗）、平頼盛が創建し足利尊氏が復興した長光寺（臨済宗）など、古刹、名刹がたくさんあります。

一方、三河国分寺は現在の豊川市国府《こう》の近くに建立されました。地名として「国府」が残っている稀な地域です。三河国総社の北東に当時の国府があり、そこから東へ約六百メートルの位置に国分寺が建てられました。十世紀後半に廃寺となったものの、十六世紀にほぼ同じ場所に現在の国分寺が復興しました。

国分尼寺跡は、国分寺跡から北東へ約五百メートル。国分尼寺は全国で三十九ヶ寺建立されましたが、一九九〇年から行われた発掘調査で、三河国分尼寺は全国的にも最大規模の伽藍を備えた大寺であったことが確認されています。

なお、国分寺跡の西約一キロメートルには船山古墳があります。船山古墳は五世紀後半にこの地にあった穂国造《ほのくにみやつこ》の墳墓と推定されており、東三河最大の前方後円墳です。こうした古墳からも、この地域が古代から栄え、国府がおかれ、国分寺、国分尼寺が建立されるのに相応しい地であったことを示します。稲沢と同様に他の寺院も建立され、旧東海道の御油《ごゆ》宿、赤坂宿周辺に多くの寺社が立ち並びました。

平安時代になると、最澄と空海、すなわち天台宗と真言宗の寺院が開創されていきます。稲沢の尾張国分寺近くの高田寺（師勝町）、弥勒寺（西春町）などは最澄創建と伝わります。慈恵《じえ》大師（良源）とゆかりの深い真福寺（岡崎市）、比叡山三世座主の慈覚《じかく》大師が開基の長幡寺（江南市）も初期の天台宗の跡を残している寺院です。

なお、真福寺は聖徳太子が建立した三河最古の寺院であり、施主は物部守屋の次男真福《まさち》との寺伝です。

稲沢の尾張国分寺周辺から知多半島を南下し、海を渡って渥美半島から豊川の三河国分寺周辺にかけて大日如来を本尊とする寺院が点在しており、お大師様の足跡を感じさせます。性海寺（稲沢市）、吉祥寺（同）、蓮華寺（美和町）、医王寺（南知多町）、岩屋寺（同）、赤岩寺（豊橋市）、普門寺（同）などです。尾張の長良川沿い、三河の豊川沿いの各地にお大師様の水にまつわる伝説が残っています。

総じてみると、平安時代初期には、尾張から三河の平野部に天台宗の寺院が、尾張から知多半島、渥美半島、東三河にかけての海沿いに真言宗の寺院が広がったようです。とりわけ、知多半島の西の対岸は真言宗の影響が強い伊勢です。お大師様が、東三河から渥美半島を経て知多半島に渡り、尾張に北上した後に伊勢に南下したことが想像できます。

平安時代後期には浄土信仰が広がり、阿弥陀如来を本尊とする寺院が増えます。現在は名古屋に移転した七寺《ななつでら》。かつては稲沢にあり、見事な阿弥陀三尊があったと聞きます。現在愛知にある国・県の文化財指定を受けた阿弥陀如来像は、第四章でご紹介した大浜大仏を含め十八体あり、県下全域に広がっています。

鎌倉時代になると、鎌倉六宗の寺院が建立されていきます。浄土宗では祐福寺（東郷町）、浄土真宗では円福寺（西区）などが古い寺院です。円福寺には親鸞が逗留したと伝わります。時宗では、第四章で登場した称名寺（碧南市）がよく知られています。

禅宗系では、臨済宗の実相寺（西尾市）、曹洞宗の乾坤院《けんこんいん》（東浦町）などが早い時期に建立されています。日蓮宗では本遠寺《ほんのんじ》（熱田区）が日蓮ゆかりの寺院です。

寺院数が日本一の愛知です。とても限られた頁数で紹介し切れませんが、もう少し散策してみます。

西三河には松平氏、徳川氏ゆかりの名刹がありますが、徳川将軍家の菩提寺、岡崎の大樹寺（浄土宗）は第四章でご紹介しました。

岡崎と言えば、修験道の祖、役行者にまつわる縁起を持つ滝山寺《たきざんじ》（天台宗）。創建は七世紀後半、最も古い寺院のひとつです。鎌倉時代末期には僧坊三百五十超を擁する大伽藍に発展したものの、戦乱で衰退。江戸時代に三代将軍家光に庇護されて復興、滝山東照宮も建立されました。天下泰平、五穀豊穣を祈る滝山寺鬼祭りは、源頼朝の祈願で始まり、徳川家光以降は幕府の行事となり、今日も続いています。

岡崎以南の矢作川中流域にも触れておきます。矢作橋西側には、親鸞が関東から都に向かう途中に説法を行ったと伝わる勝蓮寺（大谷派）、その南西地域は三河一向一揆の舞台であり、松平元康（のちの徳川家康）が一揆と戦った際に難を逃れたことに感謝して「源」の字を寺号に加えた妙源寺（高田派）、蓮如の甥、了顕が入山して隆盛した勝鬘《しょうまん》寺（大谷派）など、浄土真宗ゆかりの寺院が集まります。

再び尾張に向かいます。尾張と言えば、あま市の甚目寺（真言宗）、名古屋市中川区荒子の観音寺（天台宗）、南区の笠寺（真言宗智山派）、守山区の龍泉寺（天台宗）の尾張四観音が知られています。徳川家康が名古屋城築城に際し、城の鬼門の四方にある四観音を鎮護寺に定めました。四寺を結ぶ四観音道が通り、地名として「四観音道」が残っているのが筆者の地元である千種区の覚王山です。

古代に国府が置かれた稲沢の北東地域、犬山・小牧・岩倉あたりは美濃（岐阜）との国境であり、古くから交通の要衝。国宝犬山城の城下にも寺院が多く、岩倉には室町幕府三代将軍足利義満、織田信長、尾張藩祖徳川義直らの庇護を受けた正眼寺（曹洞宗）があります。

小牧の大山廃寺もご紹介しておきます。八世紀末に最澄が開創したと伝わる古刹であり、十二世紀はじめには大山三千坊と言われる大伽藍に発展しました。一一五二年、比叡山延暦寺と対立し、堂宇をことごとく焼かれて廃寺となりました。

こうした廃寺からも、愛知の仏教史を伺い知ることができます。尾張国風土記に登場する一宮の長福寺廃寺は愛知で最も古い寺院です。同じく一宮の黒岩廃寺、稲沢の東畑廃寺の寺跡や発掘物から、この地域の古代の発展ぶりを感じることができます。

七世紀半ばに建立された岡崎の北野廃寺は、四天王寺式伽藍を擁したこの地域最古の寺院。豊田にある舞木廃寺は、猿投川流域の肥沃な地域にも集落が形成されていた証です。やはり七世紀末の創建です。

最後に、名古屋市内の名刹にも触れておきます。まずは東区の建中寺（浄土宗）。一六五一年に尾張藩二代藩主徳川光友が藩祖義直の菩提を弔うために建立しました。その南側、同じ東区東桜の寺町には日蓮宗の寺院がたくさんあります。中でも法華寺の日陽住職は、安土宗論《あづちしゅうろん》（日蓮宗と浄土宗の宗論）に日蓮宗が破れたために、織田信長が日蓮宗を破却しようとした際、信長を説得して日蓮宗を救ったことで知られています。中区には織田信長の父信秀が創建した万松寺（曹洞宗）など、ご紹介したい寺院は尽きません。

なお、江戸時代初期の一六一二年から一六一六年にかけて、徳川家康が名古屋城を築城する際に多くの寺社や商家を清州《きよす》から移転（引越し）させました。「清州越し」です。さらに太平洋戦争の戦火を避けるため、城下の寺院の多くが旧東山（現在の覚王山）界隈に疎開。覚王山周辺にはそうした古刹、名刹が点在しています。詳しくは、拙著「弘法大師の生涯と覚王山」をご覧ください。

愛知は霊場の宝庫

長い歴史を経て、愛知は日本一寺院の多い地域となりました。そして、それらの寺群の中にさまざまな霊場が開創されました。その代表的なものが、知多四国と三河新四国です。それ以外にも西国三十三所の写しも含め、多くの霊場が開創され、今日に至っています。愛知は霊場の宝庫です。

既に廃れたり、忘れ去られた霊場もあります。筆者が現時点で認識できているものは次頁表のとおりです。知多四国、三河新四国の影響でしょうか。お大師様に関わる霊場が多いですが、それ以外も含め、この本の最後にご紹介しておきます。

愛知の主な霊場一覧

	本四国写し 弘法大師霊場	西国三十三所写し 観音霊場	その他
知多	**知多四国** 知多直傳弘法(尾張新四国) 嶋崎二十一大師 常滑郷二十一大師 大野谷二十一大師 須佐八弘法 小鈴谷三弘法 島弘法 御母公御分身二十一ヶ所	知多西国三十三所 南知多西国 知多百観音 南知多観音	知多法然上人二十五 南知多七福神 野間海運七ヶ寺 知多半島くるま六地蔵 知多六地蔵 野間開運七ヶ寺
三河	**三河新四国** 旧三河新四国 元祖三河新四国 参河國准四国 三河海岸大師 三河三弘法 知立三弘法 碧海新四国 西加茂郡新四国 東三新四国 東三河四郡八十八ヶ所(八名郡准四国) 豊鳳二十一弘法 作手三弘法	三河西国三十三所 三河白寿観音 三河秩父観音 三河観音三十三所 吉良西国観音三十三所 西条吉良観音 東条吉良観音 三河三観音 奥三河七観音 豊橋西国三十三所	三河法然上人二十五 三河三封寺 幸せ地蔵 三河七福神 三河三不動 大府七福神 尾州大府二十四ヶ寺 三河七福神十二支 吉田七福神 東海七福神 三河七御堂
尾張	海部四国八十八ヶ所 尾張新四国(知多直傳弘法)	尾張四観音 尾張西国 尾張観音三十三所 尾張五色観音	尾張法然上人二十五 尾張三霊場 尾張六地蔵 犬山七福巡り 尾張七福神 高蔵七福神
名古屋	**覚王山八十八ヶ所** 名古屋四国 名古屋二十一大師 城下二十一大師 金城二十一大師 名古屋三弘法 大名古屋八十八ヶ所 熱田八大師 蓬ヶ嶋新四国 大名古屋四国終番外	名古屋四観音 城下三十三観音 名古屋百観音 城東西国 府下観音	桶狭間十三仏 鳴海宿十一ヶ寺 なごや七福神 名古屋七福神 蓬莱七福神
全域	愛知四国	愛知梅花観音道場 東海百観音	西山国師遺跡 東海七福神 東海三十六不動尊 東海四十九薬師

(注)札所石柱等により、筆者が知り得た範囲内の主な霊場を記載。

三河三弘法と三河海岸大師

第四章の紙上遍路のはじめの辺りで登場したのが三河三弘法です。弘仁年間（九世紀初め）に、お大師様が三河新四国零番札所の遍照院（知立《ちりゅう》市）の場所で約一ヶ月間逗留し、修行場として遍照院を建立しました。出立《しゅったつ》の際、自身の像を三体彫りました。そのうち、別れを惜しんで振り返る像は「見返弘法大師」と呼ばれ、遍照院の本尊となりました。

二番西福寺に奉安された「見送弘法大師」、三番密蔵院の本尊となった「流涕《りゅうてい》弘法大師」とあわせて三河三弘法です。いつの頃からか三河三弘法として信仰を集めるようになりました。同じ地域に知立三弘法と呼ばれる霊場もあります。旧東海道沿いに並ぶ宝蔵寺、了運寺、慈眼寺を札所とする弘法大師霊場です。開創の経緯はわかりませんが、三河三弘法のあとに誕生しました。一説には知立神社の別当寺として神宮寺七坊が開創されたのが始まりと言われています。二番の了運寺弘法堂の前には「知立三弘法二番札所」の石碑が残っています。

第四章の旧三河新四国の項で触れた三河海岸大師は、三河湾沿いに広がる写し霊場です。蒲郡《がまごおり》五ヶ寺、西尾八十三ヶ寺、番外八ヶ寺、奥の院二ヶ寺、合計九十八ヶ寺からなる三河海岸大師。縁起はよくわかりませんが、元祖三河新四国ができた後に誕生したようです。

蒲郡から三河湾に沿って一色、寺津、吉良に向かい、その後は矢作川を渡らずに西尾城下から旧東条城方面に進みます。大半が旧三河新四国の札所を兼ねています。今でも三河海岸大師の石柱が門前に建っている札所も多く、二泊三日の歩き遍路が可能な写し霊場です。

参河國准四国と八名郡准四国

西三河から東三河、奥三河にかけて、かつては各地域に独自の本四国写し霊場がありました。西三河の碧南から豊田南部地域は碧海と呼ばれていましたが、そこには碧海新四国があったそうです。豊田から北上して足助《あすけ》に向かう地域は西加茂と呼ばれ、そこにも三河国西加茂郡新四国がありました。西三河には、ほかにも複数の弘法大師霊場があるようです。探して歩くのも楽しそうです。

第四章でご紹介したとおり、江戸時代に開創された元祖三河新四国の全貌は明らかではありませんが、西三河から東三河にかけて札所があったと推察できます。一九二七年（昭和二年）に再興された旧三河新四国は当時の三河鉄道沿線につくられましたので西三河中心。そして現在の三河新四国は西三河から東三河を時計回りにグルッと一周しています。

江戸時代には、元祖三河新四国とは別に参河國准四国と呼ばれる写し霊場もありました。

一番国分寺（豊川市）から、新城、豊橋、田原、蒲郡、西尾、碧南、刈谷、知立、豊田、幸田を経て、八十八番極楽寺（岡崎市）までを巡ります。西三河、東三河、奥三河、さらには渥美半島も網羅した遍路道です。途中、知立の遍照院は六十七番として登場します。

一九八九年（平成元年）、冨賀寺（新城市）本堂で「参河國准四國八十八ヶ所順禮圖」と書かれた絵地図が発見されました。発見者の新城市出身安立秀哉さんが五年かけて各札所を巡り、七十二番弘正寺（岡崎市）の協力を得て巡礼図を復元したそうです。ご尽力に脱帽です。

参河國准四国の開創時期は定かではありませんが、十七世紀末頃、つまり「四国霊場三部作」が江戸でブームになった元禄時代に開創されたようです。発見された巡礼図は一八六二年に奉納されたもの。渥美町史に登場する長仙寺文書によれば、一八五〇年に参河國准四国の記述があるほか、結願記念に奉納された一八五二年の幡《はた》が冨賀寺に残っていることから、その頃には参河國准四国はかなり賑わっていたものと思います。因みに冨賀寺は十番です。

参河國准四国の札所は、浄土宗三十一ヶ寺、曹洞宗二十八ヶ寺、真言宗十九ヶ寺、天台宗七ヶ寺、臨済宗三ヶ寺の八十八ヶ寺です。

参河國准四国の北側に展開していたのが八名《やな》郡准四国八十八ヶ所です。東三河四郡八十八ヶ所とも言われ、一番正宗寺《しょうじょう》（豊橋市）から八十八番洞雲寺（新城市）を巡ります。

八名とは、古代の部民《べのたみ》である八名部が多く住んでいたとか、簗《やな》が多く仕掛けられ、川漁が盛んであったとか、その由来には諸説あります。徳川二代将軍秀忠の生母西郷局の実家である三河西郷氏の本拠地でした。八名は、一八七八年に豊橋・豊川・新城にまたがる地域の行政区名として正式に採用されました。やがて南北設楽《したら》郡と併せて八楽《はちらく》地方とも呼ばれましたが、一九五六年、鳳来町への編入を機に八名の地名はなくなりました。

八名郡准四国は、冨賀寺の用人だった長谷川要吉という人が中心となって編成されたと伝わります。冨賀寺は六十八番です。

さらに、豊川、豊橋を中心とした寺院で構成される東三新四国八十八ヶ所もあります。一番養学院（豊川市）から八十八番妙厳寺（同）を巡る霊場です。

八名郡准四国より南部、鳳来から豊橋に向かう途上に点在するのは、一九三三年開創の豊鳳二十一弘法大師霊場です。旧作手《つくで》村（新城市）には作手三弘法もあります。

お大師様は三河の人々によほど人気があったのですね。

尾張新四国と金城下二十一大師

さて、本四国の写しやお大師様ゆかりの霊場でいっぱいの三河ですが、尾張はどうでしょうか。気になります。

一九二五年（大正十四年）、当時の四国霊場会会長、善通寺誕生院貫主の佐伯宥粲《さえきゆうさん》猊下が尾張の寺院にも四国直傳証を授け、四國直傳弘法大師尾張八十八ヶ所が開創されました。尾張新四国とも呼ばれますが、場所は知多半島が中心です。札所のほとんどが知多四国の札所とは別の寺院で構成されており、「直傳弘法さん」の愛称で親しまれています。つまり、知多半島には知多四国と尾張新四国（直傳弘法）の二つの写し霊場があるのです。

知多半島より北部の名古屋や尾張に、知多四国や三河新四国のような規模の本四国の写し霊場は確認できていません。お大師様が東国巡錫《じゅんしゃく》の際に、尾張北部は通らなかったのかもしれません。今後も尾張の寺院の縁起やお大師様の足跡を調べてみようと思います。

名古屋市内と言えば、もちろん覚王山八十八ヶ所ですが、その縁起は第二章でご紹介したとおりです。お大師様の直接の足跡ではありません。

名古屋にはほかにもお大師様に関連する霊場があります。江戸時代に名古屋城下に開創された金城下二十一大師。戦火により廃れましたが、一九六九年に名古屋城を中心とした現在の中区・西区・東区に札所が選定されて再興しました。

名古屋三弘法は一九三一年に昭和天皇御成婚を記念して開創されたと伝わります。

三河、知多、尾張、名古屋とも、まだまだ隠れた写し霊場がありそうです。

三河七御堂

お大師様の霊場以外の寺群についても、少し散策してみます。最初にご紹介するのは三河七御《しちみ》堂《どう》です。

三河七御堂は、建久年間（十二世紀末）に源頼朝が三河国守護安達盛長に命じて堂宇を建立させました。一七七五年の地誌「三河刪補松《さんぽのまつ》」に、船形山普門寺《せんぎょう》、赤岩山赤岩寺《あかいわせきがん》、陀羅尼山財賀寺《だらにざいが》、煙巌山《えんごん》鳳来寺、御堂山全福寺（廃寺）、龍田山長泉寺、青龍山金蓮寺の七ヶ寺が記されています。

岡崎市の古刹、天台宗滝山寺に伝わる「滝山寺縁起」によれば、一二二五年の滝山寺本堂再建落成供養に、鳳来寺、船形寺（現在の普門寺）、財賀寺の僧が招かれています。この三寺は奥三河、東三河の名刹として、当時も影響力があったことが伺い知れます。

旧鳳来町（新城市）の煙巌山鳳来寺は鳳来寺山の山頂付近にある真言宗五智教団の寺院です。七〇二年（大宝二年）、利修仙人が開山。文武《もんむ》天皇の病気平癒祈願のために、利修《りしゅう》仙人が都から鳳凰に乗ってきたという伝承が鳳来寺という寺名及び山名の由来です。利修仙人は霊木杉から本尊の薬師如来、日光・月光菩薩、十二神将、四天王を彫ったと伝わります。

一時鳳来寺に匿《かくま》われた源頼朝は、鎌倉幕府成立後に同寺を庇護。一方、豊臣秀吉の治世では寺領の大半が没収されました。

江戸時代に入ると、徳川家康の生母於大の方が当寺に子宝祈願して家康を授かった逸話を知った家光が庇護。一六五一年には東照宮を造営しました。

東海道御油《ごゆ》宿から延びる街道は鳳来寺道と呼ばれます。伊勢神宮や秋葉山本宮秋葉神社への参詣者が途中で鳳来寺道を北上し、鳳来寺を参詣したそうです。

明治時代に廃仏毀釈のために衰退した鳳来寺を救ったのは、高野山金剛峯寺の特命を受けて京都法輪寺から派遣された服部賢成《はっとりけんじょう》住職でした。

参河國准四国の七番札所でもある当寺は、愛知の県鳥コノハズク（仏法僧）の寺院としても有名です。

余談ですが、京都の「十三詣り」として有名な法輪寺の住職も兼ねる現在の藤本高仝《ふじもとこうぜん》住職は筆者の幼稚園、小学校の同級生です。

愛知と静岡の県境、豊橋の雲谷《うのや》にあるのが船形山普門寺。高野山真言宗の寺院で、ご本尊は聖観音菩薩。秋の紅葉が美しく「豊橋のもみじ寺」として知られています。七二七年、行基が当地に逗留した際、堂宇建立の観音様のお告げを感得し、聖武天皇の命で開創しました。天智天皇お手彫りの五大明王を本尊とする東谷、観音菩薩を本尊とする西谷からなり、尊勝峯（神石山）と雨応峯（雨応山）から見渡せる広大な範囲を寺領としました。

三千余の坊舎を抱えていましたが、嘉応年間（十二世紀半ば）に比叡山に攻められて多くを焼失。その後、養和年間（十二世紀後半）に源頼朝の叔父、化積《けしゃく》が再興しました。頼朝は自らの等身大の不動明王像を彫り、平家追討を当寺で祈祷。平家滅亡後に、戦勝御礼として山麓の雲谷、岩崎から遠江に及ぶ広大な寺領を寄進しました。

船形山山腹には堂宇が建っていた二百以上の平坦地があり、当時の隆盛を偲ばせます。とくに大きな「元々堂址」「元堂址」には、現在も本堂跡の基壇が残っています。

戦国時代には、周辺の今川氏、戸田氏、牧野氏などの争乱に巻き込まれ、一五三三年に全山焼失。その数年後、一連の争乱の戦死者を含む大規模な共同供養（三界万霊供養《さんがいばんれい》）が行われ、再興されました。その後は今川義元、徳川家康、池田輝政など代々の領主の庇護を受け、繁栄しました。今でも多くの寺宝が残る名刹で、江戸時代には桜の名所として有名だったそうです。

普門寺から西に進むと、豊川北部に位置する観音山です。その山麓にあるのが高野山真言宗の陀羅尼山《だらにざん》財賀寺。本尊は千手観音。国の重要文化財に指定された平安時代後期の金剛力士（仁王）立像で知られる古刹です。

七二四年、聖武《しょうむ》天皇の勅願により行基が開創し、弘仁年間（九世紀初め）にお大師様が中興。建久年間（十二世紀末）には源頼朝が庇護し、東谷、西谷といった谷組織と多数の坊舎を擁する大伽藍に発展しました。

戦国時代に応仁の乱に起因する争乱に巻き込まれ、坊舎の大半を焼失、山外に擁していた数百の末寺も離散しました。一四七二年、当地の領主牧野古白が現在地に本堂を再建。以後、牧野氏、今川氏、徳川氏の庇護を受け、寺領十万石の格式に発展するも、その後も度々火災に見舞われて堂宇を焼失。現存する本堂は一八二三年、文殊堂は一八五九年再建、三十三観音堂は一八〇〇年建立です。

山門仁王像の右の阿形は高さ三八一センチメートル、左の吽形は同三七五センチメートル。東大寺南大門、多禰《たね》寺仁王門の像に次ぐ大きさと言われています。

西国三十三所と七福神

愛知には西国三十三所の写し霊場もあります。例えば、知多西国三十三所は十八世紀半ばに岩屋寺中之坊の智善《ちぜん》上人が開創しました。今でも「當郡西国」「郡中西国」と記した石柱や奉納額が残されている寺院が少なくありません。

南知多三十三所という写し霊場もあります。さらに知多百観音巡りもあることから、知多、南知多以外にも三十三所（あるいは三十四所）の写し霊場があるのでしょう。

一八七六年に作成された知多西国三十三所と知多四国を合体した古地図も残っており、巡礼者は両方を参詣していたことが伺えます。

三河にも観音霊場があります。筆者が見聞きしただけでも、三河西国三十三所、三河白寿観音、西条吉良観音、東条吉良観音、三河三観音、奥三河七観音、豊橋西国三十三所、穂の国観音などの霊場があります。

もちろん、尾張にもあります。尾張三十三所のほかに、尾張四観音もあります。

本四国や西国三十三所と同様に、法然上人二十五霊場の写しもあります。尾張二十五霊場、三河二十五霊場に加え、二〇一一年（平成二十三年）には法然上人八百回忌を機に知多二十五霊場が開創されました。

何度もお伝えしますが、愛知は四十七都道府県の中で寺院数ナンバーワン。断トツです。このほかにもたくさんの霊場があります。

名前のわかっているものだけでも列挙すると、三河には三河三封寺、幸せ地蔵、三河七福神、三河三不動、大府七福神、尾州大府市内二十四ヶ寺、三河七福神十二支などがあります。

知多には島崎二十一霊場、南知多七福神、野間開運七ヶ寺、知多半島くるま六地蔵、尾張には愛知梅花観音霊場、尾張三霊場、犬山七福巡り、尾張七福神、名古屋には桶狭間十三佛、鳴海宿十一ヶ寺、なごや七福神などがあります。

調べてみると、七福神が多いことに気づきました。七福神とは、恵比須天、大黒天、毘沙門天、弁財天、福禄寿《ふくろくじゅ》、寿老人《じゅろうじん》、布袋《ほてい》の七神です。仏教にゆかりの深い神様もいます。

七福は「仁王経」というお経の中にある「七難七福」「七難転じて七福と為す」という言葉が語源とされています。「七」という数字は中国では古くから縁起が良いと考えられ、七つの福徳がそれぞれの神に託されています。

七福神は室町時代末期に人々に信仰されるようになりました。江戸時代中頃には七福神信仰が盛んとなり、商売繁盛の縁起物として宝船に乗った七福神の絵を枕の下に敷いたり、床の間に飾る風習がはやりました。

愛知ではとりあえず九つ確認できました。一番人気はなごや七福神です。笠寺観音の恵比須天、大須観音の布袋などが含まれています。笠寺観音と大須観音は名古屋四観音となごや七福神を兼ねています。

他の八つは、尾張七福神（旧祖父江町）、大府七福神（大府市）、高蔵福徳神（春日井市）、南知多七福神（南知多町など）、三河七福神（岡崎市など）、吉田七福神（豊橋市）、東海七福神（田原市など）、名古屋七福神です。

最後の名古屋七福神は、ひらがな書きのなごや七福神とは別のものです。筆者の住む千種区の城山新町の大竜寺（布袋）、青柳町の法応寺（毘沙門天）を含む七寺で構成されています。

結願

愛知四国霊場の旅も終わりが近づきました。愛知県内の本四国の写し霊場の全貌と正確な歴史を知ることは今となっては容易ではありません。

例えば、知多四国の呼称も古くは尾州知多郡八十八ヶ所、知多准（準）四国と言われていたようですが、一八九三年（明治二十六年）に知多新四国とする方針が決まったようです。しかし、今では「新」はつけずに知多四国と呼ぶのが一般的です。

本四国、西国三十三所、いずれの写し霊場やゆかりの霊場も、時代とともに呼び方が変化し、複数の呼称が使用されている場合もあります。とくに知多四国や三河新四国のように呼称が変遷し、その時々の札所石柱が残っていると、それぞれが異なる霊場のように思えます。

いずれにしても、先人たちの思いが蓄積した霊場です。何処の札所や霊場でも心静かにお参りし、奇跡的な偶然で今を生き、多くの人たちに支えられ、神仏のご加護に守られていることに感謝して過ごしていきたいものです。合掌。

全国の寺院数と人口比

	都道府県	寺院数
1	愛知	4,559
2	大阪	3,384
3	兵庫	3,277
4	滋賀	3,205
5	京都	3,063
6	千葉	2,999
7	東京	2,871
8	新潟	2,779
9	静岡	2,621
10	福岡	2,363
11	三重	2,341
12	北海道	2,318
13	埼玉	2,262
14	岐阜	2,251
15	神奈川	1,892
16	奈良	1,811
17	広島	1,714
18	福井	1,679
19	和歌山	1,579
20	富山	1,565
21	長野	1,554
22	福島	1,545
23	山梨	1,491
24	山形	1,479
25	山口	1,424
26	岡山	1,387
27	石川	1,366
28	島根	1,304
29	茨城	1,293
30	大分	1,235
31	群馬	1,206
32	熊本	1,198
33	愛媛	1,078
34	佐賀	1,073
35	栃木	992
36	宮城	948
37	香川	872
38	長崎	736
39	秋田	680
40	岩手	631
41	徳島	627
42	鹿児島	477
43	青森	474
44	鳥取	467
45	高知	364
46	宮崎	348
47	沖縄	90

	都道府県	人口比
1	滋賀	22.7
2	福井	21.7
3	島根	19.2
4	山梨	18.2
5	和歌山	16.9
6	富山	14.9
7	山形	13.6
8	奈良	13.5
9	佐賀	13.1
10	三重	13.1
11	新潟	12.4
12	石川	12.0
13	京都	11.8
14	岐阜	11.3
15	大分	10.8
16	山口	10.4
17	香川	9.1
18	徳島	8.5
19	鳥取	8.3
20	福島	8.3
21	愛媛	8.0
22	長野	7.5
23	岡山	7.3
24	静岡	7.2
25	秋田	6.9
26	熊本	6.8
27	群馬	6.2
28	広島	6.1
29	愛知	6.0
30	兵庫	6.0
31	長崎	5.5
32	高知	5.2
33	栃木	5.1
34	岩手	5.1
35	千葉	4.8
36	福岡	4.6
37	茨城	4.5
38	北海道	4.4
39	宮城	4.1
40	大阪	3.8
41	青森	3.8
42	宮崎	3.2
43	埼玉	3.1
44	鹿児島	3.0
45	東京	2.1
46	神奈川	2.1
47	沖縄	0.6

（注）文化庁「宗教年鑑」（令和元年版）に基づく。人口比は人口1万人当たりの寺院数。

全国の神社数と人口比

	都道府県	神社数
1	新潟	4,706
2	兵庫	3,862
3	福岡	3,417
4	愛知	3,357
5	岐阜	3,266
6	千葉	3,174
7	福島	3,056
8	静岡	2,842
9	広島	2,728
10	茨城	2,492
11	長野	2,460
12	富山	2,279
13	高知	2,168
14	大分	2,118
15	埼玉	2,032
16	栃木	1,921
17	石川	1,879
18	京都	1,759
19	山形	1,746
20	福井	1,709
21	岡山	1,653
22	東京	1,457
23	滋賀	1,444
24	熊本	1,393
25	奈良	1,383
26	長崎	1,325
27	徳島	1,313
28	山梨	1,287
29	愛媛	1,246
30	群馬	1,216
31	島根	1,173
32	神奈川	1,154
33	秋田	1,148
34	鹿児島	1,130
35	佐賀	1,106
36	宮城	944
37	青森	887
38	岩手	870
39	三重	843
40	鳥取	825
41	香川	806
42	北海道	798
43	山口	752
44	大阪	726
45	宮崎	675
46	和歌山	443
47	沖縄	15

	都道府県	人口比
1	高知	30.7
2	福井	22.1
3	富山	21.7
4	新潟	21.0
5	大分	18.5
6	徳島	17.8
7	島根	17.3
8	石川	16.4
9	福島	16.4
10	岐阜	16.4
11	山形	16.0
12	山梨	15.8
13	鳥取	14.7
14	佐賀	13.5
15	長野	11.9
16	秋田	11.7
17	奈良	10.3
18	滋賀	10.2
19	長崎	9.9
20	栃木	9.9
21	広島	9.7
22	愛媛	9.2
23	岡山	8.7
24	茨城	8.7
25	香川	8.4
26	熊本	7.9
27	静岡	7.8
28	兵庫	7.0
29	青森	7.0
30	岩手	7.0
31	鹿児島	7.0
32	京都	6.8
33	福岡	6.7
34	宮崎	6.2
35	群馬	6.2
36	山口	5.5
37	千葉	5.1
38	和歌山	4.7
39	三重	4.7
40	愛知	4.5
41	宮城	4.1
42	埼玉	2.8
43	北海道	1.5
44	神奈川	1.3
45	東京	1.1
46	大阪	0.8
47	沖縄	0.1

（注）文化庁「宗教年鑑」（令和元年版）に基づく。人口比は人口1万人当たりの神社数。

知多四国札所一覧

	寺院名	宗派	本尊	所在地	電話番号
1	清涼山曹源寺	曹洞宗	釈迦如来	豊明市栄町内山45番地	0562-97-0915
2	法蔵山極楽寺	浄土宗	無量寿仏	大府市北崎町城畑112番地	0562-46-2016
3	海雲山普門寺	曹洞宗	十一面観世音菩薩	大府市横根町石丸95番地	0562-46-0164
4	寶龍山延命寺	天台宗	延命地蔵菩薩	大府市大東町1丁目279番地	0562-46-0544
5	延命山地蔵寺	曹洞宗	延命地蔵大菩薩	大府市長草町本郷40番地	0562-46-1963
6	萬年山常福寺	曹洞宗	千手観世音菩薩	大府市半月町3丁目151番地	0562-46-0868
7	彼岸山極楽寺	曹洞宗	阿弥陀如来	東浦町大字森岡字岡田51番地	0562-83-3520
8	上世山傳宗院	曹洞宗	延命地蔵菩薩	東浦町大字緒川字天白48番地	0562-83-4023
9	浄土山明徳寺	浄土宗	阿弥陀如来	東浦町大字石浜字下庚申坊70番地	0562-83-4071
10	福聚山観音寺	曹洞宗	聖観世音菩薩	東浦町大字生路字狭間2番地	0562-83-1797
11	光明山安徳寺	曹洞宗	釈迦牟尼仏	東浦町大字藤江字西之宮82番地	0562-83-2448
12	徳応山福住寺	曹洞宗	無量寿如来	半田市有脇町6丁目18番地	0569-28-0727
13	板嶺山安楽寺	曹洞宗	無量寿如来	阿久比町大字板山字川向21番地	0569-48-0369
14	円通山興昌寺	曹洞宗	華厳釈迦牟尼仏	阿久比町大字福住字東脇10番地	0569-48-0741
15	龍渓山洞雲院	曹洞宗	如意輪観世音菩薩	阿久比町大字卯坂字英比67番地	0569-48-0544
16	鳳凰山平泉寺	天台宗	尾張不動尊	阿久比町大字椋岡字唐松29番地	0569-48-0176
17	樫木山観音寺	浄土宗	十一面観世音菩薩	阿久比町大字矢高字三ノ山高15番地	0569-48-0180
18	開運山光照寺	時宗	阿弥陀如来	半田市乙川高良町120番地	0569-21-1589
19	前明山光照院	西山浄土宗	阿弥陀如来	半田市東本町2丁目16番地	0569-21-0696
20	萬松山龍台院	曹洞宗	十一面観世音菩薩	半田市前崎東町35番地	0569-21-0994
21	天龍山常楽寺	西山浄土宗	阿弥陀如来	半田市東郷町2丁目41番地	0569-21-0268
22	御嶽山大日寺	西山浄土宗	大日如来	武豊町字ヱケ屋敷69番地	0569-72-0285
23	意龍山蓮花院	西山浄土宗	阿弥陀如来	武豊町字ヒジリ田27番地	0569-72-0103
24	慶亀山徳正寺	曹洞宗	大通智勝仏	武豊町字里中92番地	0569-72-0870
25	法輪山円観寺	天台宗	阿弥陀如来	武豊町大字富貴字郷北97番地	0569-72-0511
26	龍華山弥勒寺	曹洞宗	弥勒菩薩	美浜町大字北方字西側16番地	0569-82-0511

	寺院名	宗派	本尊	所在地	電話番号
27	天竜山誓海寺	曹洞宗	釈迦牟尼仏	美浜町大字古布字善切20番地の63	0569-82-2219
28	浄光院永寿寺	西山浄土宗	阿弥陀如来	美浜町大字豊丘西側35番地	0569-82-1147
29	大悲山正法寺	天台宗	毘沙門天	南知多町大字豊丘本郷7番地	0569-65-0271
30	宝珠山医王寺	真言宗豊山派	薬師如来	南知多町大字大井字真向38番地	32番宝乗院へ
31	宝珠山利生院	真言宗豊山派	不動明王	南知多町大字大井字真向27番地	0569-63-0233
32	宝珠山宝乗院	真言宗豊山派	十一面観世音菩薩	南知多町大字大井字真向34番地	0569-63-0844
33	宝珠山北室院	真言宗豊山派	聖観世音菩薩	南知多町大字大井字真向11番地	0569-63-0308
34	宝珠山性慶院	真言宗豊山派	青面金剛	南知多町大字大井字丘ノ下1番地	0569-63-0682
35	神光山成願寺	曹洞宗	阿弥陀如来	南知多町大字片名字碑田9番地	0569-63-0402
36	天永山遍照寺	真言宗豊山派	弁財天	南知多町大字師崎字栄村15番地	0569-63-0460
37	魚養山大光院	真言宗豊山派	大日如来	南知多町大字日間賀島字小戸地59番地	0569-68-2626
38	龍門山正法禅寺	曹洞宗	釈迦牟尼仏	南知多町大字篠島字神戸219番地	0569-67-2130
39	金剛山医徳院	真言宗豊山派	薬師如来	南知多町大字篠島字照浜27番地	0569-67-3231
40	普門山影向寺	曹洞宗	十一面観世音菩薩	南知多町大字豊浜字中之浦84番地	0569-65-0040
41	松原山西方寺	西山浄土宗	阿弥陀如来	南知多町大字山海字屋敷51番地の2	0569-62-0372
42	瑞岸山天龍寺	曹洞宗	阿弥陀如来	南知多町大字山海字小山100番地	0569-62-1116
43	大慈山岩屋寺	尾張高野山宗	千手観世音菩薩	南知多町大字山海字間草109番地	0569-62-0387
44	菅生山大宝寺	曹洞宗	釈迦如来	南知多町大字内海字大名切36番地	0569-62-0355
45	尾風山泉蔵院	真言宗豊山派	阿弥陀如来 薬師如来	南知多町大字内海字南側69番地	0569-62-1108
46	井際山如意輪寺	真言宗豊山派	如意輪観世音菩薩	南知多町大字内海字中之郷12番地	0569-62-0109
47	井際山持宝院	真言宗豊山派	如意輪観世音菩薩	南知多町大字内海字林之峯66番地	0569-62-0498
48	禅林山良参寺	曹洞宗	聖観世音菩薩	美浜町大字小野浦字清水18番地	0569-87-0275
49	護國山吉祥寺	曹洞宗	釈迦牟尼仏	美浜町大字野間字桑名前24番地	0569-87-0089
50	鶴林山大御堂寺	真言宗豊山派	阿弥陀如来	美浜町大字野間字東畠ヶ55番地	51番野間大坊へ
51	鶴林山野間大坊	真言宗豊山派	開運延命地蔵菩薩	美浜町大字野間字東畠ヶ50番地	0569-87-0050
52	鶴林山密蔵院	真言宗豊山派	不動明王	美浜町大字野間字松下105番地	0569-87-0308

	寺院名	宗派	本尊	所在地	電話番号
53	鶴林山安養院	真言宗豊山派	阿弥陀如来	美浜町大字野間字東畠ヶ90番地の1	0569-87-0288
54	亀嶺山海潮院	曹洞宗	釈迦牟尼仏	半田市亀崎町1丁目130番地	0569-28-0549
55	曇華山法山寺	臨済宗天竜寺派	御湯殿薬師如来	美浜町大字野間字田上50番地	0569-87-1073
56	祥雲山瑞境寺	曹洞宗	白衣観世音菩薩	美浜町大字野間字松下85番地	0569-87-0139
57	乳寶山報恩寺	曹洞宗	西方如来	美浜町大字奥田字会下前39番地	0569-87-0438
58	金光山来応寺	曹洞宗	如意輪観世音菩薩	常滑市大谷字奥条27番地	0569-37-0447
59	萬年山玉泉寺	曹洞宗	延命地蔵菩薩	常滑市大谷字浜条5番地	0569-37-0159
60	大光山安楽寺	曹洞宗	阿弥陀如来	常滑市苅屋字深田101番地	0569-34-3800
61	御嶽山高讃寺	天台宗	聖観世音菩薩	常滑市西阿野字阿野峪71番地の1	0569-35-3175
62	御嶽山洞雲寺	西山浄土宗	阿弥陀如来	常滑市井戸田町2丁目37番地	0569-35-2705
63	補陀落山大善院	真言宗豊山派	十一面観世音菩薩	常滑市奥条5丁目20番地	0569-35-3430
64	世昌山宝全寺	曹洞宗	十一面観世音菩薩	常滑市本町2丁目248番地	0569-35-4404
65	神護山相持院	曹洞宗	延命地蔵菩薩	常滑市千代ケ丘4丁目66番地	0569-35-3405
66	八景山中之坊寺	真言宗智山派	十一面観世音菩薩	常滑市金山字屋敷25番地	0569-42-2139
67	松尾山三光院	時宗	聖観世音菩薩	常滑市小倉町5丁目66番地	0569-42-2429
68	龍王山寶藏寺	真言宗智山派	千手観世音菩薩	常滑市大野町3丁目30番地	0569-42-0588
69	宝苑山慈光寺	臨済宗妙心寺派	厄除聖観世音菩薩	知多市大草字西屋敷3番地	0569-42-1246
70	摩尼山地蔵寺	真言宗智山派	地蔵菩薩	知多市大草字東屋敷43番地の1	0569-42-1200
71	金照山大智院	真言宗智山派	聖観世音菩薩 前立馬頭観音	知多市南粕谷本町1丁目196番地	0569-42-0909
72	白華山慈雲寺	臨済宗妙心寺派	千手千眼観世音菩薩	知多市岡田字太郎坊108番地の1	0562-55-3082
73	雨宝山正法院	真言宗豊山派	地蔵菩薩	知多市佐布里字地蔵脇30番地	0562-55-3043
74	雨宝山密厳寺	真言宗豊山派	十一面観世音菩薩	知多市佐布里字地蔵脇24番地	0562-55-2473
75	雨宝山誕生堂	真言宗豊山派	弘法大師	知多市佐布里字地蔵脇30番地	73番正法院へ
76	雨宝山如意寺	真言宗豊山派	地蔵菩薩	知多市佐布里字地蔵脇13番地の1	73番正法院へ
77	雨宝山浄蓮寺	真言宗豊山派	不動明王	知多市佐布里字地蔵脇36番地	0562-55-3614
78	宝泉山福生寺	真言宗豊山派	不動明王	知多市新知東町1丁目8番地の3	0562-55-3699

	寺院名	宗派	本尊	所在地	電話番号
79	白泉山妙楽寺	真言宗豊山派	無量寿仏	知多市新知字下森29番地	0562-55-3510
80	海嶋山栖光院	曹洞宗	聖観世音菩薩	知多市八幡字観音脇25番地	0562-32-1557
81	巨渕山龍蔵寺	曹洞宗	地蔵菩薩	知多市八幡字小根138番地	0562-32-0848
82	雨尾山観福寺	天台宗	十一面観世音菩薩	東海市大田町天神下ノ上5番地	0562-32-7785
83	待暁山弥勒寺	真言宗智山派	弥勒菩薩	東海市大田町寺下4番地	0562-33-1145
84	瑞雲山玄猷寺	曹洞宗	十一面観世音菩薩	東海市富木島町北島28番地	052-603-0131
85	慈悲山清水寺	浄土宗	聖観世音菩薩	東海市荒尾町西川60番地	052-603-2988
86	大悲山観音寺	真言宗智山派	聖観世音菩薩	東海市荒尾町仏供田45番地	052-603-0160
87	鷲頭山長寿寺	臨済宗永源寺派	聖観世音菩薩	名古屋市緑区大高町字鷲津山13番地	052-621-4652
88	瑞木山円通寺	曹洞宗	馬頭観世音菩薩	大府市共和町小仏67番地	0562-46-1736

番外札所

	寺院名	宗派	本尊	所在地	電話番号
外	亀宝山東光寺	西山浄土宗	阿弥陀如来	半田市亀崎月見町3丁目14番地	0569-28-2622
外	清涼山奥之院海蔵寺	曹洞宗	釈迦牟尼仏	半田市乙川若宮町25番地	0569-21-0623
外	慈雲山影現寺	曹洞宗	釈迦牟尼仏	美浜町大字時志字南平井86番地	0569-82-0041
外	寂静山西方寺	浄土宗	阿弥陀如来	南知多町大字篠島照浜3番地	0569-67-2114
外	青泰山浄土寺	曹洞宗	薬師如来	南知多町大字豊浜字小佐郷1番地	0569-65-0359
外	岩屋寺奥之院	尾張高野山	聖観世音菩薩	南知多町大字山海字城州62-2番地	43番岩屋寺へ
外	金鈴山曹源寺	曹洞宗	阿弥陀如来	常滑市大谷字奥条155番地	0569-37-0173

開山所

	寺院名	宗派	本尊	所在地	電話番号
開	白泉山妙楽寺（79）	真言宗豊山派	無量寿仏	知多市新知字下森29番地	79番妙楽寺へ
開	達磨山葦航寺	曹洞宗	釈迦牟尼仏	美浜町大字布土字平井131番地	0569-82-0731
開	禅林堂	曹洞宗	釈迦牟尼仏	美浜町大字古布善切20番地の63	27番誓海寺へ

三河新四国札所一覧

	寺院名	宗派	本尊	所在地	電話番号
零	弘法山遍照院	真言宗豊山派	見返弘法大師	知立市弘法町弘法山19番地	0566-81-0140
1	神路山総持寺	天台寺門宗	流汗不動明王	知立市西町新川48番地	0566-81-0560
2	大仙山西福寺	曹洞宗	阿弥陀如来	刈谷市一ツ木町5丁目31番地2	0566-23-2560
3	天目山密蔵院	臨済宗永源寺派	流涕弘法大師	刈谷市一里山町南弘法24番地	0566-36-0922
4	八橋山無量壽寺	臨済宗妙心寺派	聖観世音菩薩	知立市八橋町寺内61番地1	0566-81-4028
5	鈴木山龍興寺	臨済宗妙心寺派	聖観世音菩薩	豊田市中町中郷98番地	0565-52-4053
6	同　黄檗殿		薬師如来		
7	金谷閣三光寺	真言宗醍醐派	庚申尊（青面金剛王導士）	豊田市金谷町5丁目63番地	0565-32-2029
8	同　護摩堂		弘法大師 不動明王　薬師如来		
9	遍照山光明寺	浄土宗	阿弥陀如来	豊田市下市場5丁目20番地	0565-32-0740
10	同　直心殿		久蔵地蔵菩薩		
11	瑠璃光山薬師寺	浄土宗	薬師瑠璃光如来	豊田市越戸町梅盛55番地	0565-45-1118
12	同　瑠璃殿		万人地蔵大菩薩		
13	身掛山観音院	真言宗醍醐派	聖観世音菩薩	豊田市越戸町松葉41番地	0565-45-1171
14	同　馬頭殿		馬頭観音		
15	金重山廣昌院	浄土宗	阿弥陀如来	豊田市力石町井ノ上117番地	0565-41-2131
16	同　金重殿		法誉上人		
17	猿投山大悲殿東昌寺	曹洞宗	千手千眼観世音	豊田市猿投町大城4番地	0565-45-0417
18	同　大師堂		釈迦如来　阿弥陀仏 弘法大師　千手観音		
19	水月山雲龍寺	曹洞宗	聖観世音菩薩	豊田市四郷町山畑78番地	0565-45-0066
20	同　如意殿		十一面観世音菩薩 如意輪観世音菩薩　延命地蔵菩薩		
21	成道山大樹寺	浄土宗	一光千体阿弥陀如来	岡崎市鴨田町広元5番地	0564-21-3917
22	同　成道殿		如意輪観音 彌勒菩薩　弘法大師		

	寺院名	宗派	本尊	所在地	電話番号
23	荒井山九品院	浄土宗	阿弥陀如来	岡崎市 鴨田町山畔9番地	0564-21-0951
24	同　善光寺堂		一光三尊善光寺如来		
25	龍北山持法院	真言宗 醍醐派	十三仏	岡崎市 井田町1丁目107番地	0564-21-4007
26	同　大師堂		弘法大師		
27	松本観音 浄誓院	浄土宗	阿弥陀如来	岡崎市 松本町1丁目21番地	0564-21-2019
28	松本観音		十一面観世音		
29	金寶山安心院	曹洞宗	十一面観世音	岡崎市 明大寺町字馬場東 54番地	0564-51-5411
30	同　金峯殿		千体地蔵尊		
31	萬燈山吉祥院	真言宗 醍醐派	不動明王	岡崎市 明大寺町仲ケ入 38番地30	0564-24-3629
32	同　大師堂		弘法大師		
33	法弘山明星院	真言宗 醍醐派	身代り片目不動明王	岡崎市 市場町元神山16番地	0564-48-2457
34	同　大聖殿 行者堂		開運厄除け弘法大師 役行者		
35	大神光二村山 法蔵寺	浄土宗 西山深草派	阿弥陀如来	岡崎市 本宿町寺山1番地	0564-48-2636
36	二村山勝徳寺	浄土宗 西山深草派	阿弥陀如来	岡崎市 本宿町寺山21番地	0564-48-2628
37	天神山法厳寺	真言宗 醍醐派	不動明王	豊川市 八幡町上宿43番地	0533-87-3018
38	同　金剛殿		弘法大師		
39	小林山快泉院	真言宗 醍醐派	不動明王	豊川市 大崎町小林42番地	0533-84-0618
40	同　遍照殿		弘法大師		
別	圓福山妙厳寺 (豊川稲荷)	曹洞宗	千手観音	豊川市豊川町1番地	0533-85-2030
41	松亀山寿命院	真言宗 醍醐派	不動明王	豊川市 三谷原町下西浦57番地	0533-86-3596
42	同　仏木殿		弘法大師		
43	宮嶋山徳宝院	真言宗 醍醐派	不動明王	豊川市 下長山町北側101番地	0533-86-2565
44	同　清龍殿		三宝荒神　清瀧権現		

零:零番札所、別:別格霊場

	寺院名	宗派	本尊	所在地	電話番号
45	三谷弘法山 金剛寺	高野山 真言宗	子安大師	蒲郡市 三谷町南山14番地	0533-69-7379
46	同　奥之院		毘沙門天　准胝観音 不動明王		
47	海平山光昌寺	曹洞宗	釈迦牟尼仏	蒲郡市 三谷町七舗65番地	0533-68-6335
48	同　弘法堂		弘法大師		
49	巖松山善応寺	浄土宗 西山 深草派	阿弥陀如来	蒲郡市 元町13番地18	0533-68-5525
50	同　巖松殿		観世音仏		
51	松全山薬證寺	真言宗 醍醐派	不動明王	蒲郡市 中央本町7番2号	0533-68-5054
52	同　大師堂		秋葉三尺坊大権現		
53	海性山真如寺	浄土宗 西山 深草派	阿弥陀如来	蒲郡市 形原町石橋11番地	0533-57-2033
54	同　観音堂		子安観世音菩薩		
55	行基山実相院	浄土宗 西山 深草派	阿弥陀如来	蒲郡市 形原町東上松27番地	0533-57-4411
56	同　行基殿		日限地蔵大菩薩		
57	上野山利生院	浄土宗 西山 深草派	阿弥陀如来	蒲郡市 形原町東上野7番地	0533-57-3263
58	同　観音堂		聖観世音菩薩		
59	神田山覚性院	浄土宗 西山 深草派	阿弥陀如来	蒲郡市 西浦町北馬相11番地	0533-57-2461
60	同　法楽殿		善光寺如来　薬師如来		
61	西浦山無量寺	真言宗 醍醐派	不動明王	蒲郡市 西浦町日中30番地	0533-57-3865
62	同　観音堂		聖観世音		
63	中尾山千手院	真言宗 醍醐派	千手観音	西尾市 東幡豆町山崎24番地1	0563-62-2856
64	同　不動堂		地蔵菩薩　不動尊		
65	性海山妙善寺	浄土宗 西山 深草派	阿弥陀如来	西尾市 東幡豆町森66番地	0563-62-2297
66	同　観音殿 (幡豆観音)		十一面観音		

	寺院名	宗派	本尊	所在地	電話番号
67	薬王山太山寺	真言宗 醍醐派	薬師如来	西尾市 寺部町林添63番地	0563-62-6501
68	同　粟嶋堂		粟嶋尊天		
69	泰涼山勝山寺	真言宗 醍醐派	不動明王	西尾市 瓦町21番地	0563-57-5043
70	同　明王殿		弘法大師		
71	梅香山縁心寺	浄土宗	阿弥陀如来	西尾市 中町56番地	0563-57-2391
72	同　輝巌殿		弘法大師		
73	多聞山妙福寺	浄土宗 西山 深草派	阿弥陀如来	碧南市 志貴町2丁目61番地	0566-41-0200
74	同　毘沙門堂 弘法堂		志貴毘沙門天王 弘法大師		
75	融通山観音寺	信貴山 真言宗	聖観世音菩薩	碧南市 築山町3丁目58番地	0566-41-1728
76	同　融通殿		如意宝生尊		
77	東照山称名寺	時宗	阿弥陀仏	碧南市 築山町2丁目66番地	0566-41-3955
78	同　東照殿		弘法大師		
79	南松山清浄院	浄土宗	阿弥陀如来	碧南市 築山町1丁目21番地	0566-41-4237
80	同　南松殿		弘法大師		
81	南面山海徳寺	浄土宗 西山 深草派	阿弥陀如来	碧南市 音羽町1丁目60番地	0566-41-4126
82	同　大仏殿		阿弥陀如来		
83	聖道山常行院	浄土宗	阿弥陀如来	碧南市 本郷町3丁目38番地	0566-41-0747
84	同　聖道殿		日限地蔵尊		
85	華慶山林泉寺	曹洞宗	聖観世音	碧南市 本郷町3丁目8番地	0566-41-2973
86	同　弘法堂		大聖歓喜天　大師像		
88	天王山法城寺 (※)	浄土宗	阿弥陀如来	碧南市 天王町3丁目132番地	0566-41-7752
87	同　天王殿 (※)		火防大師		

(※)札所付番は、天王山法城寺が88番、天王殿が87番。

あとがき

本書の監修・編集・校正作業をしている過程で、新型コロナウイルス感染症が世界に蔓延しました。

前著「四国霊場と般若心経」のあとがきで、二〇一五年八月にカナダのビクトリア大学の研究チームが科学専門誌「サイエンス」に発表した論文をご紹介しました。研究テーマは、野生動物絶滅の原因、人間と野生動物の関係についてです。人間は他の動物を過剰に殺戮する「スーパー捕食者」と結論づけていました。

そして「植物の採食も含め、地球上の生き物の中で、生きるための捕食目的以外で他種を殺す生き物、あるいは同種同士で殺し合う生き物は人間だけであり、人間は地球上で最も愚かで危険な生き物かもしれない」と記しました。

前著でも触れましたが、言語、科学、文化、宗教などを生き物の中で人間だけが有しているのは、人間が優れた生き物である証ではありません。最も愚かな生き物であるが故に、人間だけに言語、科学、文化、宗教などが授けられ、その愚かさの源である欲を制することが課されたと受け止めるべきでしょう。

しかし、現実には、その言語で罵り合い、科学で殺戮兵器をつくり、芸術作品を奪い合い、宗教ですら争うことがあります。人間とはかくも愚かな存在です。

人間の活動が地球温暖化につながり、その影響で氷河や永久凍土が解け、古代ウイルスが暴露し、今後は度々《たびたび》未知の抗原による感染症パンデミックに晒されることを警告する科学者もいます。

人間は仏性を秘めた素晴らしい存在であるとともに、仏性を開かなければ、欲に囚われた愚かな存在であることを諭しているのが仏教です。その愚かな人間が、如何に生きるべきかを教えてくれているのが仏教です。欲に囚われ続ければ、対立が生じ、お互いを傷つけ合い、自然の摂理に反して地球に有害な活動を行い、結果として人間自らを滅ぼすことになるでしょう。

筆者の本業に係わる拙著『賢い愚か者』の未来」においても、仏教的な価値観やレトリックが重要な役割を果たすこととなりました。

そうした因縁を示唆する仏教の寺院が四十七都道府県の中で最も多い愛知県。しかも、お釈迦様が実在の人物であったことが欧米諸国で認識される契機となった仏舎利（ご真骨）が祀られ、お釈迦様の別名が地名として冠されている覚王山。

そこに生まれ育ち、何ごとかが既刊を含む四冊の仏教本を書かせてくれたことに感謝しつつ、「愛知四国霊場の旅」を打ち終えます。

大塚耕平　合掌

主な参考文献（五十音順）

石井茂作『東大寺と国分寺』（1959）至文堂.
市江政之『石造物寄進の生涯―伊藤萬藏』（2011）マイタウン.
瓜生中『仏像がよくわかる本』（1998）PHP 文庫.
追塩千尋『国分寺の中世的展開』（1996）吉川弘文館.
大塚耕平『覚王山と弘法大師の生涯』（2008）大法輪閣.
大塚耕平『仏教通史』（2015）大法輪閣.
大塚耕平『四国霊場と般若心経』（2017）大法輪閣.
加藤龍明『微笑みの白塔：釈尊真骨奉安百周年』（2000）中日新聞社.
久保田展弘（2006）『役行者と修験道』ウェッジ.
小室重弘編著『釈尊御遺形傳伝来史』（1903）細川芳之助.
佐野方郁「明治期の仏骨奉迎・奉安事業と覚王山日暹寺の創建―各宗派機関誌と地方・宗教新聞の分析を中心に―」『日本語・日本文化』No.45,pp.1-44.（2018）大阪大学.
柴谷宗叔「写し霊場と新規霊場開設の実態について」『密教文化』第 221 号 , pp.73-97.（2008）高野山大学密教文化研究所.
白井伸昴『仏教史から見る東海の古寺』（1998）風媒社.
末木文美士『近世の仏教』（2010）吉川弘文館.
知多四国霊場会編・冨永航平『知多四国八十八所遍路』（2000）朱鷺書房.
知多四国霊場会監修『遍路知多四国めぐり』（2012）人間社.
冨永航平『仏との出会い―知多四国遍路―』朱鷺書房.
ひろさちや編『仏教入門』（1998）池田書店.
前田良一『役行者―修験道と海人と黄金伝説―』（2006）日本経済新聞社.
『愛知県の歴史散歩（上・尾張）』（2005）山川出版社.
『愛知県の歴史散歩（下・三河）』（2005）山川出版社.
『飛鳥・奈良』（2008）新星出版社.
『歩き巡拝知多四国めぐり』知多四国霊場会.
『伊藤祐民傳』（発行年不詳）私家本.
『国史大辞典』（1979 ～ 97）吉川弘文館.
『釈尊御遺形傳来史―覚王山日泰寺奉安塔の由来―』（1981）覚王山日泰寺.
『先達教典』（2006）四国八十八ヶ所霊場会.
『知多四国めぐりドライブ地図』（随刊）知多四国霊場会.
「仏教伝来」『プレジデント 11 月号』（1990）プレジデント社.
『名古屋市史社寺編』（1915）名古屋市役所.
『日本の寺院』（2003）新人物往来社.
『三河新四国霊場案内記』（1983）三河新四国霊場会.
『三河新四国巡拝地図』（随刊）三河新四国霊場会.

は

ま

や

ら

（注）索引項目は、本書の内容に照らしてとくに重要と思われるものを抽出した。

さ

た

な

あ

か

大塚 耕平（おおつかこうへい）

仏教コラムニスト。中日文化センター仏教講座の講師を務めるほか、各地の先達会や宗派の教育機関・研究機関などで講演を重ねている。著書に『弘法大師の生涯と覚王山』『仏教通史』『四国霊場と般若心経』（大法輪閣）。

仏教ブログ「覚王山耕庵」 https://ko-an.blog

1959年生まれ、愛知県出身。早稲田大学卒業、同大学院博士課程修了（学術博士）。日本銀行を経て参議院議員。元内閣府副大臣・厚生労働副大臣。現在、早稲田大学客員教授（2006年～）、藤田医科大学客員教授（2016年～）。元中央大学大学院客員教授（2005～2017年）。著書に『公共政策としてのマクロ経済政策』（成文堂）、『3.11 大震災と厚労省』（丸善出版）、『「賢い愚か者」の未来』（早稲田大学出版部）など。

愛知四国霊場の旅

2020年 9月 4日　初版第一刷発行
2021年 1月24日　初版第三刷発行

著　　者　大塚耕平
監　　修　有限会社 大法輪閣
発 行 者　勝見啓吾
発 行 所　中日新聞社
〒460-8511 名古屋市中区三の丸一丁目6番1号
電話　052-201-8811（大代表）
052-221-1714（出版部直通）
郵便振替　00890-0-10
ホームページ　https://www.chunichi.co.jp/corporate/nbook/
デ ザ イ ン　idG株式会社
印　　刷　サンメッセ株式会社

ISBN978-4-8062-0768-9　C0015
定価はカバーに表示してあります。乱丁・落丁本はお取り替えいたします。